蓝狮子著名企业家
管理日志系列⑤

沃伦·巴菲特
管理日志

江南、钮怿／编著

全新修订版
★ ★ ★ ★ ★

ZHEJIANG UNIVERSITY PRESS
浙江大学出版社

目 录

CONTENTS

1

原版序
适合中国国情的巴菲特

蓝 狮子财经出版中心与中信出版社联合推出了一套"管理日志系列丛书"。其中有已经出版的关于任正非、柳传志、张瑞敏、王石、马云等企业家的部分,还有即将出版的这本《沃伦·巴菲特管理日志》。

说起这本书,跟我本人还颇有不解之缘。2008 年 3 月,我在《东方早报》上看到一篇江南写的评论,题为《巴菲特在他的〈信〉中说了什么》。这篇不足 3000 字的文章围绕巴菲特 2007 年的年报(即《2007 年巴菲特致股东函》)展开,总结了这位"股神"的四大投资"秘诀":拒绝"裸泳"、拒绝"开破车"、拒绝当"聪明人"、拒绝看"花花公子"。

别开生面和幽默行文之余,细细品味还真的能体味出巴菲特哲学的一些精髓。事实上,在此之前,我就长期关注着巴菲特的投资哲学,亦希望能在企业经营中实践这些理念。于是,在那个春意盎然、金融危机尚未肆虐全球的晚春,我邀请了数位媒体精英人士与我集团部分高管同坐一席,以"巴菲特哲学"为引子,共同畅谈对国内外经济形势的判断以及企业应对之策等话题,获益匪浅。

出乎意料的是,2008 年年底,江南联系并告知我,由于那次会谈,嘉宾中的两位——蓝狮子财经出版人吴晓波和他——竟然很快共同策划出版一本《沃伦·巴菲特管理日志》,而且书稿已经接近完稿,效率之高令人叹服!出于这种特别的书缘,他们希望由我来为此书作序,我欣然应允。

《沃伦·巴菲特管理日志》全书的逻辑鲜明而独特,这是它成为一本有特色的好书的坚实基础。

江南是一位"巴菲特迷",据我所知,他对巴菲特的推崇不仅在于"股神"的操作技巧、估值模型,抑或是投资策略,更在于巴菲特作为一个"理性人"的理性之源——即他的哲学思想和价值观。

经济学的基本假设是"人都是理性人",这也是一切博弈的基础。如果任何市场参与都是非理性的,也就不可能有普遍规律,也不可能有长期的成功者,一切都是概率使

1

然。然而,在人类并不漫长的资本市场历史中,却经常会爆发群体性、大规模、杀伤力强大的群氓式躁动,从"南海泡沫"到"次贷危机",一次次给人类的理性敲响警钟,甚至令如牛顿这样堪称"人类大脑精华"的科学家都感叹资本市场无理性可言!

事实果真如此吗?巴菲特用他超过半个世纪的投资生涯作出了正面的答复:资本市场的确存在一个喜怒无常的"市场先生",但资本市场的长期理性是存在的,价值规律依然是铁律;更重要的是,投资者只要能始终保持理性,不为市场的波动和情绪所左右,勤奋学习、认真研究,最终是能够找到成功的企业,从而长期战胜市场指数,获取正收益的。

在这个过程中,你甚至并不需要过于繁复精细的技巧,也不需要严苛庞大的教学计量工具,只需要对理性毫不怀疑地执行,当然还有在市场波动不定时的那份定力和耐心,就可以经常"有效击打"(套用巴菲特最喜欢的棒球术语)了。

在江南的描述中,这种"理性之美"一以贯之、一气呵成,令人时常击节赞叹。此外,由"理性之美"外溢出来的巴菲特哲学的其他看点,如他对某些盲从和贪婪的管理者的厌恶,他对清高守节、勤奋理性的管理层的推崇,他对自己曾经犯过的错误的认真检讨和自嘲,他对慈善事业毫无保留的奉献以及个人生活方式的简朴低调,还有他时时刻刻流露出的幽默和谦逊,都将这种人格充分放大。

可以说,读《沃伦·巴菲特管理日志》,不仅是在读企业、读市场、读投资,更是在读哲学、读人生,也是在读我们自己。如果能将巴菲特的人生作为一面镜子,在365天里日日反照我们自己的理性,一定会受益匪浅。

关于"巴菲特哲学是否适用于中国"的话题一直是近几年讨论的热点。从这本《沃伦·巴菲特管理日志》出发,我也想略谈一二。

在写这篇序言时,正是由"次贷危机"引发的全球经济危机最严重的时刻,似乎谁也看不到危机的边际。有人会问,巴菲特预测到这场危机了吗?我觉得,他既预测到了,又没有预测到。

说他预测到了,是因为他从数年前就反复在各种场合讲美国持续性的双赤字是难以持续的,而靠中国这样新兴市场的廉价商品和资本来构筑的循环是极端危险的,美元会面临大问题,美国的宏观经济也会极大受损。所以,他已经有很多年不买美国的股票了。

还有一个佐证是,他从 2002 年开始就严令下属的各金融机构从"两房"①股票以及所有金融衍生品合约中撤资,在别人赚大钱的时候他却宁可付出数亿美元损失!

巴菲特作出这些决定的依据不是别的,正是普通的常识和理性。他认为,无论个人还是公司抑或国家,没有人可以长期靠信用借债为生。他还认为,华尔街推销金融衍生品合约的人讲的那些话,连他这个做了 50 年金融生意的人都听不懂,而产品却在不断地被那些根本不懂金融衍生品的外行人买回家,这根本就是在自欺欺人。

巴菲特判断"次贷危机"的理由竟是如此简单明了,但更令人敬畏的是他对这个判断的自信和行动的果决。正是他不顾业绩衰退的压力从火热的市场中提前退出,才让企业从如此重大的危机中得以全身而退,要知道伯克希尔·哈撒韦公司的主要业务就是金融投资和再保险,简直没有任何"幸免于难"的机会。

说他没有判断出经济危机的深度和广度,从目前来看似乎也很有道理。国内有评论说,伯克希尔·哈撒韦公司"抄底不成反被套",但事实上,这都是近乎"市场先生"的评论方式。巴菲特的哲学从来不是"判断底部然后买入"和"判断顶部然后卖出",他只是遵循自我的理性和常识行事,在"价值被低估时买入",甚至不考虑何时卖出。

他的逻辑基础从来不是对宏观经济的判断,故你可以说他根本没有对"次贷危机"作出预测。

巴菲特只是理性地判断:"我不懂的东西,无论华尔街上多少人在推销也不能买,就像许多年前我不懂电脑,即使跟比尔·盖茨是好朋友,也不会买微软股票。没有人可以预测的事情——像'次贷危机'究竟什么时候爆发、什么时候结束——我也不去预测,但是我知道当优良的企业的价值被大大低估时,我就会去买进,哪怕它会被更进一步低估。"

在别人不理性的时候,巴菲特不会选择去迎合他们或者利用他们,巴菲特会选择无视他们,并完全听凭自己的理性行事,这才是他的哲学的关键。

绕了一个圈子,再回到"巴菲特哲学是否适用于中国"的话题。其实结论已经很明确了,巴菲特哲学非但适合中国的资本市场,而且适合中国的其他任何市场。

当宏观调控失灵、"次贷危机"等事件接踵而至时,作为企业的决策者,我也经常花费极大的心力去判断这些宏观事件的影响,时常感到头绪繁多乃至逻辑瓶颈。我想,

---

① 指美国两家住房抵押贷款机构——房利美和房地美。——编者注

同样的状况在各种企业的经营者身上也许都会发生。

复杂的问题有时候却可以用最简单的方式来寻求解答,这是巴菲特哲学的独特魅力。实际上,身处危机迷局中的经营者们,最需要保持的仍是那一份绝对理性,最值得信赖的判断工具仍是那一点平凡、质朴的经营常识;我们不能随"市场先生"的摇摆而迷失自我,也不能被今天好明天坏的数据、层出不穷的救市方案搞晕头脑。

我们最在乎的仍然应该是如下问题:企业的核心业务价值发生了怎样的变化? 企业的资金需求和成本发生了怎样的变化? 企业在行业中的竞争力和赢利能力发生了怎样的变化? 企业的客户要求我们提供什么样的新产品和新服务?

巴菲特具体的股市操作手法当然不一定适合中国内地A股市场,因为至少我们的法规、税制等基本游戏规则与境外市场不同,但我认为巴菲特的思维方式和人生哲学是超越时空的,在任何阶段学习他的这种"理性之美"都是有价值、有乐趣的。

这也是我郑重推荐《沃伦·巴菲特管理日志》一书给读者的理由,这本书的与众不同之处正在于:它描绘的是一个"适合中国国情的巴菲特"。

绿地集团董事长、总裁
张玉良
2009 年 1 月

再版序
老江湖的新把戏

几乎正好 5 年前——2008 年 9、10 月份——笔者在埋头创作《沃伦·巴菲特管理日志》的第一版。巧得很,初稿完成当天是 10 月 28 日,A 股上证指数最低点触及 1664 点,从前一年的最高点 6124 点跌去了接近 73%。

光阴荏苒,全球金融市场在这 5 年间经历了史无前例的"金融海啸",又走过了一段触底、平息并慢慢复苏的道路,与之相伴发生的是产业格局以及资本格局的重大变化。

这 5 年中,围绕着巴菲特和伯克希尔·哈撒韦公司有着多种多样的议论。从业绩上看,伯克希尔·哈撒韦的投资回报率趋于"平庸",甚至开始跑不赢标准普尔指数;从投资风格看,巴菲特一反常态地开始投资那些对资本占用非常大回报却注定很平庸的行业,如公用事业;从公司文化看,巴菲特迟迟不任命自己的接班人,却把那位能歌善舞的巴公子提前任命为未来董事长。

这一切,让很多人开始怀疑——就像在 1999 年前后那样——巴菲特落伍了。他不再是个神话,不再是个不可战胜的美国偶像。

本书并非"造神之作",事实上,那是靠到处讲解"巴菲特选股秘籍"混饭吃的演讲者爱做的事。今天之所以会出这部全新修订版,有两个意图:

一是把最近 5 年里发生在巴菲特身上的一些有意思的事扼要地勾勒出来,并以尽可能简明的语言描绘出事件的背景。毕竟,假如读者将巴菲特当作一部"投资史"来读的话,最近发生的"当代史"是最有借鉴意义的部分。如果细读这部"当代史"的话,你会发现,当伯克希尔·哈撒韦公司大到一定规模,当世界金融环境动荡到如此程度,"平庸而乏味地进步"也许是一种另类的赞美。

另一个意图是换个视角审视这位"股神"。巴菲特"最后一次"让我们惊艳他的选股能力,可能要上溯到他买入中国石油并迅速获利了结,此后,伯克希尔·哈撒韦公司要么买入的股票很普通,要么就是整体收购某家公司。巴菲特最近 5 年频频提及的词汇更像另两种角色：

(1)宏观事件驱动投资者，比如他频频预言美国房地产行业的复苏并作出相关投资。

(2)锱铢必较的实业家，比如他经常絮絮叨叨地在致股东的信中提及某某公司的经营改善了，当期获得的现金利润有多少，未来可以增长到多少。这个特征其实在更早前就出现了苗头，比如他爱介入可口可乐公司的具体业务经营，同时也为通用再保险公司的衍生品合约大发雷霆。也许世界上从来没有出现过一位企业家，管理着从食品、饮料、珠宝、电器到银行、保险、传媒、铁路、飞机、石油……我们需要改称他为"经营之神"吗？

跑多了江湖，人会越来越胆小，看来这句中国的老话在全世界都有价值。如果你是一位新读者，建议你将巴菲特一分为二，既看看他的投资策略，也看看他对公司运营管理的思路；如果你是一位看过旧版的老读者，建议你带着比较的眼光重点观察修订增补的大约三分之一的篇幅，看到巴菲特的新把戏背后蕴含的意味，也许比单单学习一些手段层面的东西更有收获。

最后感谢出版社和编辑小顾，你们的不懈"压迫"让我静心细细重读了一次巴菲特的所言所行。

江南

2013 年 11 月

导言
向巴菲特学什么

一

进入了巴菲特的世界，恐怕任何初次见面的人都会先惊讶于他的简单。

虽然他反复强调投资不需要高等数学，只要有高中文化加上阅读理解了本杰明·格雷厄姆的《聪明的投资人》一书，就可以从容应对投资事业了，但我们还是为他那种完全基于常识而不带任何神秘主义色彩的理论所震撼。

按照一般"大师"的排场，牛人总有一套除他以外谁也讲不清原理的玄奥，如笔者认识的一位"技术大师"常用的"阻力线"有七八十条，什么时候该用哪条线作为参照物，只有他自己心里有数(他自己也通常只在收盘后才有数)。

巴菲特则异乎寻常得简单直接：股市根本毫无意义，一年开一次给大家交易一下拿点现金回家用就够了；至于预测股市更没意义，因为"市场先生"极其情绪化，除了上帝谁也没那本事；宏观经济和政策也没什么意义，部分原因是美国原本就是一个彻底的市场经济，不怎么看政府的脸色，但更重要的原因是企业的赢利能力自有其内在规律，政府可以影响一时，不可能影响其一世。

唯一有意义的是企业，既能赚钱又能省钱的企业如果被定在一个较低的价钱上，你就买，能全部买下来就全买，没那么多钱就买一部分。

大原则就这么多，再辅以一点实战方法，比如说用自由现金流来衡量企业的获利能力，始终坚持用合适的贴现率来衡量资金价值，当然最重要的是学习借用复利的力量——任何一种方法都谈不上深奥或晦涩。

但就是在这些条件构筑的坚实基础上，我们看到了喜斯糖果、美国运通、大都会ABC、盖可保险、通用再保险、可口可乐、吉列、箭牌、《华盛顿邮报》等一大批明星企业的诞生,它们有些是天生丽质,被巴菲特以很低的价格买入并持有;有些则本来能力一般但潜力很大,巴菲特慧眼识珠地买入并帮助它们成长。在这些过程中,我们看到了巴菲特的两位老师的身影:擅长于评估企业价值并发掘安全边际的格雷厄姆,以及擅长于瞄准企业潜力并加速它成长的费雪。

而且就是这种简单的投资逻辑,令巴菲特的抗风险能力极强,因为结构简单意味着稳定,也意味着不容易被骗。在本书中有一个线索就是巴菲特是如何逃过由次贷引发的全球金融危机的,他在接手通用再保险后,毅然决定清空所有的金融衍生品合约,而那时市场正火热,这些合约天天都在赚大钱,最终他甚至付出了几亿美元亏损的代价才卖光了这批合约——如果不是这个决定,当初那批合约很可能带给公司数百亿美元的损失;而作出这个惊人决定的理由简单至极:巴菲特说他也看不懂这批衍生品合约到底有多少风险,不懂的就不做,即使是"股神"也得承认自己有不懂的事情。

二

从实践角度来说,关于"巴菲特"的争论近乎永无穷尽。我们经常会发现如下现象:同一个事实会被两群投资者分别作为各自的论据,来论证一对截然相反的观点——"巴菲特哲学适合/不适合中国"。这种反差也很容易理解:在中国的资本市场上,似乎充斥着世界上所有可能发生的变数,一切被冠以"中国特色"后,往往就再也难以定性。而谁也无法确定巴菲特如果生在中国,他的人生传奇是否会如现在这般,抑或根本就无以成为传奇。似乎我们所有人都可以自由地想象,继而理直气壮地辩驳不同的观点。

然而,在经历中国股市的风风雨雨、大起大落后,再回过头来看,笔者认为,巴菲特的理性可以成为这个时代最好的解毒剂之一,尤其是对于我们这种暴起暴落的市场更是如此,从这个意义上说,巴菲特思想在中国比在美国还适用。因为他从头到尾讲的都是遵循价值规律,无论是投资还是管理,大道至简。

王小波说他的老师曾告诉他,科学对中国人来说是外来的东西,所以中国人始则惊为洪水猛兽,继而当作巫术去理解,再后来把它看成一种宗教,其实这些理解都是不对的,科学是个不断学习的过程。王小波更补充这个说法为:除了学习科学已有的内容,还要学习它所有、我们所无的素质,这些素质的基础是人人爱平等、爱自由。人类开创的一切事业中,科学最有成就,就是因为有这两样做根基。

笔者把王小波的这个说法当作学习巴菲特的最佳参照。巴菲特最值得学习的地方不仅在于他的投资方法(这些方法论尽管伟大,但依然有失误和过时的时候),而且在于他思想里的那种基于理性的哲学元素。从这种理性出发,我们可以找到伟大的投资逻辑,也可以挑战其他各种事业的巅峰,甚至可以挖掘出平等自由等价值(若不是从人类理性出发的平等自由,是经不起压力和挫折的)。

三

本书之所以采用"管理日志"的形式来成文,也有特别的考虑。

首先,从资本管理的角度看,巴菲特的管理是真正大师级的模式。巴菲特在贯彻其一生的投资活动中,始终能保持对资本流动的高度灵敏,彻底了解各个时期的企业资金成本以及社会平均资金成本,并成功地积少成多、累积复利。此外,巴菲特在长达50多年的投资生涯中曾多次经历萧条—繁荣的周期,多次面临诸如越南战争、恐怖活动、金融危机等突发事件的冲击却能安然度过,也多次面对诸如蓝筹50、网络科技、次贷证券等人人赚钱的大泡沫却毫不动心,这种对于自身心态的控制和管理堪称奇迹股完美。

其次,从企业管理的角度观察,我们甚至可以说"股神"实质上是超越管理者的领导者,他是领导者这一角色的最成功的扮演者之一。伯克希尔·哈撒韦的经理人文化是我们目前所能期待的最完美的企业文化之一。巴菲特手下不乏身家过亿、年逾80岁(甚至90岁)却仍孜孜不倦地在第一线奋战的CEO们,巴菲特也经常感叹"他们显然不是为了钱而工作",他们的存在是这些分公司能够长久保持竞争力的最大原因之一,因为"不必教老狗学新把戏"(巴菲特语)。他将激励效应发挥得淋漓尽致,使伯克希尔·哈撒韦的管理者们从内心焕发出一种为公司工作的自豪感和归属感。再加上巴菲特以身作则,处处以股东利益最大化为行事原则的表率作用,使得很多公司为之头疼的管理难题在伯克希尔·哈撒韦公司荡然无存。而且巴菲特堪称"办公成本节约大师",因为公司总部仅仅寥寥"12.8个人"(巴菲特原话);对其控股子公司,巴菲特也大多采用平时不闻不问只在年底考核业绩发奖金的做法;这种管理模式不仅成本低廉,而且效果惊人。在本书中,读者还可以领略到巴菲特对"最佳股东结构原则"、"独立董事如何发挥作用"、"CEO的期权应该如何制定"等管理实务的独特见解。值得一提的是,他的这些见解几乎都和传统认知相悖,却无不精到透彻,令人拍案叫绝。

也许可以说巴菲特在企业管理方面是"无心插柳柳成荫",但我们发现其实"股神"的企业管理准则与投资管理准则一样——大道至简。

四

作为本书的编著者,我们始终认为解决"巴菲特哲学是否适用于中国"这一争议的最佳方式就是以忠实的态度解读巴菲特。因此本书的"原话"部分尽可能忠实于巴菲特的原文,主要是他 1977—2007 年整整 30 年的《致股东函》。此外还包括了一些巴菲特的演讲、接受访谈时的讲话等相关文本,总字数大约 120 万字。如此庞杂的文本资料,难免会对读者的阅读造成一定的障碍,因此从这些材料出发,笔者将这些巴菲特的原话压缩成 365 条、28 万字左右的精华段落,去除掉较为冗长枯燥的"例行公事"段落,以便给读者更清晰明朗的阅读。同时,在"背景分析"部分亦尽可能保留巴菲特在写出那段文本时的状况以及当时美国经济的大背景,以在忠实于文本的基础上力争文本的历史连贯性,使读者对巴菲特的生平有一个更全面的了解,更能感同身受地明白巴菲特在作出那些重大决定时所需要的非凡勇气和绝对理性,感受巴菲特哲学的"理性之美"。

此外,"行动指南"也是颇有参考意义的,尤其是一些提供技术性参照的内容,往往可以极大地方便那些新入门的读者,让他们从晦涩艰深的由财务名词构成的"能指"中豁然明了巴菲特的"所指"。

通过这种案例式的解读和指引,读者会看到一个完全立体化的巴菲特,看到他那些看上去独立成章、毫无关联的妙语警句中的内部逻辑和历史连贯。这样才会发现,"股神"亦是一步步成长起来,很多看似羚羊挂角无迹可寻的管理妙招,其实都是在经历很多次失败和反思后才总结出来的必然之举。

我们知道,任何人都不可能看完巴菲特的书就成为下一个像巴菲特那么成功的投资者。但是我们也知道,即使像笔者一样愚笨的人,在学习了巴菲特的哲学后,依然能明显地感觉到快乐和达观,依然能稍稍离愚昧、贫乏和低智状态远几步。因此,大部分读者都可以充分感受这种喜悦之情。

一月 ｜ 理性之美

January **1**
2014 CALENDAR

MON	TUE	WED	THU	FRI	SAT	SUN
		1 元旦	**2** 初二	**3** 初三	**4** 初四	**5** 小寒
6 初六	**7** 初七	**8** 初八	**9** 初九	**10** 初十	**11** 十一	**12** 十二
13 十三	**14** 十四	**15** 十五	**16** 十六	**17** 十七	**18** 十八	**19** 十九
20 大寒	**21** 廿一	**22** 廿二	**23** 廿三	**24** 廿四	**25** 廿五	**26** 廿六
27 廿七	**28** 廿八	**29** 廿九	**30** 除夕	**31** 春节		

1月1日 "市场先生"

本杰明·格雷厄姆是我的老师,也是我的朋友,他在很久以前讲过一段对于市场波动心态的话,是我认为对于投资获利最有帮助的一席话。

他说:"投资人可以试着将股票市场的波动当作是一位'市场先生'每天给你的报价。不管怎样,'市场先生'每天都会报个价格要买下你的股份或是将手中股份卖给你。即使是你们所共同拥有的合伙企业经营稳定变化不大,'市场先生'每天还是会固定提出报价。同时'市场先生'有一个毛病,那就是他的情绪很不稳定,当他高兴时,往往只看到合伙企业好的一面,所以为了避免手中的股份被你买走,他会提出一个很高的价格,甚至想要从你手中买下你拥有的股份;但当他觉得沮丧时,眼中看到的只是这家企业的一堆问题,这时他会提出一个非常低的报价要把股份卖给你,因为他很怕你会将手中的股份塞给他。

"'市场先生'还有一个很可爱的特点,那就是他不在乎受到冷落。若今天他提出的报价不被接受,隔天他还是会上门重新报价,要不要交易完全由你自主,所以在这种情况下,他的行为举止越失措,你可能得到的好处也就越多。'市场先生'是来给你服务的,千万不要受他的诱惑反而被他所导引;你要利用的是他饱饱的口袋,而不是草包般的脑袋。如果他有一天突然傻傻地出现在你面前,你可以选择视而不见或好好地加以利用,但要是你占不到他的便宜反而被他愚蠢的想法所吸引,那么你的下场可能会很凄惨。"

——1987年巴菲特致股东函

背景分析

巴菲特7岁时就对股票投资感兴趣了。稍大一些,他就到图书馆去,读了所有能找到的关于股票市场和投资的书。11岁时,他买了一生中第一只股票,只买了三股。他试过了能找到的所有投资方法,收集技术分析图表,阅读所有技术分析书籍,到处打听小道消息,但投资业绩仍然平平。19岁时,他读到格雷厄姆的《聪明的投资人》,这才好像见到了光明。

后来,巴菲特的投资思想受到了查理·芒格①的巨大影响而开始改进。芒格不断告诫他不要只买进便宜货,让他摆脱了格雷厄姆观点的局限。此外,巴菲特还是一个费雪②著作的狂热读者。巴菲特自称是85％的格雷厄姆和15％的费雪。

行动指南

如果用一句话来形容巴菲特的投资原则,我想最合适的是六个字:很简单,很强大。概括而言,就是他所说的"能够比'市场先生'更清楚地衡量企业的价值"。

1月2日 多元化陷阱

如果你认为拥有部分美国股票是值得的话,就去买指数基金。 对此我没有任何异议,那就是你应该选择的做法,除非你想给投资游戏设些悬念,并着手对企业作评估。 一旦你进入对企业作评估的领域,就应该下定决心要花时间、花精力把事情做好。 我认为投资多元化,从任何角度来说,都是犯了大错。

如果要做到真正懂生意,那么你懂的生意可能不会超过六个。 如果你真的懂六个生意,那就是你所需要的所有多元化,我保证你会因此而赚很多钱。

把钱放在第七个生意上,而不是选择投更多的钱于最好的生意,绝对是个错误。很少有人会因他们第七个好的生意而赚钱,很多人却因为他们最棒的生意而发财。我认为,对任何一个拥有常规资金量的人而言,如果他们真的懂得所投的生意,六个已经绰绰有余了。

——1998年巴菲特在佛罗里达大学商学院的演讲

背景分析

1965年,35岁的巴菲特收购了一家名为伯克希尔·哈撒韦的濒临破产的纺织企

---

① 查理·芒格(Charles Thomas Munger),美国投资家,沃伦·巴菲特的黄金搭档,伯克希尔·哈撒韦公司的副主席,有"幕后智囊"和"最后的秘密武器"之称。——编者注

② 费雪(Philp A. Fisher),美国经济学家、数学家、经济计量学的先驱者之一,其对经济学的主要贡献是,在货币理论方面阐明了利率如何确定和物价为什么由货币数量来决定,其中尤以贸易方程式(即费雪方程式)为当代货币主义者所推崇。——编者注

业,1994 年年底该公司已发展成拥有 230 亿美元的投资王国,由一家纺纱厂变成了庞大的金融集团,时至 2007 年继续成长为资产达 1350 亿美元的"巨无霸"。伯克希尔·哈撒韦公司的股票市值在 30 年间上涨了 2000 倍,而标准普尔 500 指数内的股票平均仅上涨了约 50 倍。

作出这些成就的巴菲特素来以反对"分散投资"而出名,他的理念是"把鸡蛋放在一个篮子里,并看好这个篮子"。尽管因为巴菲特的"篮子"太大,已经无法用个位数的公司股票来装满,但是多年来他始终坚持长期持有,甚至宣称一生都不卖的股票有 4 只(后来卖了其中的一只)。

行动指南

我们经常可以在身边的散户(包括我们自己)身上看到与巴菲特截然相反的景象:区区数十万甚至数万元的资金,却持有了十几二十家公司的股票,而且这些公司五花八门,从高速公路到白酒,从房地产到化工。扪心自问:你真的了解这些公司吗? 你可以在一分钟内不假思索地报出这些公司的名字和所在地吗?

1月3日 现金价值

扣除税负因素不计,我们分析、评估股票与事业的公式并无二致,事实上亘古至今,这个评估所有金融资产投资的公式从来就未曾改变,远从公元前 600 年某位先知头一次揭示就是如此。

奇迹之一就是在《伊索寓言》里,那历久弥新但不太完整的投资观念就是"二鸟在林,不如一鸟在手"。 要进一步诠释这项原则,你必须再回答三个问题:你如何确定树林里有鸟儿? 它们何时会出现,数量有多少? 无风险的资金成本是多少? (这里我们假定以美国长期公债的利率为准。)如果你能回答以上三个问题,那么你将知道这个树林最高的价值有多少,以及你可能可以拥有多少鸟儿。 当然小鸟只是比喻,真正实际的标的还是金钱。

——2000 年巴菲特致股东函

背景分析

普通的市场分析人士往往喜欢所谓的技术分析,那是一种近乎算命的玩意儿。证券分析师、投行研究所则往往会夸大一些一般准则的价值,比如"市盈率"、"成长率"、"PEG(动态股价收益比)"等。但巴菲特认为,除非他们能够提供一家企业未来现金流入流出的线索,否则这些准则与价值评估没有一点儿关联,有时甚至对价值有损(如果这项投资计划早期的现金流出大于之后的现金流入折现值)。

行动指南

有些市场分析师与基金经理人信誓旦旦地将"成长型"与"价值型"定为两种截然不同的投资类型,那绝不是真知灼见,甚至可以说是无知。成长只是一个要素之一,在评估价值时,可能是正面,也有可能是负面。

这也是为什么很多人抱怨所谓巴菲特的价值投资在中国不灵验的原因。你首先需要确定的是,你从基金经理们那里听来的半吊子东西究竟是不是巴菲特的真实意思表达?

1月6日 "三好学生"

近年来,我们发现越来越难找到股价被低估的股票,尤其是当我们手头上可运用的资金不断地大量涌入。 时至今日,规模足以撼动伯克希尔·哈撒韦绩效指标的股票种类已屈指可数,基金经理人通常依靠累积基金规模而非基金绩效来获益,所以如果有人告诉你基金规模不会影响绩效,小心点!注意他的鼻子是否开始变长。

找不到大量价格便宜的股票对我们并不会造成困扰,只要我们能够找到具备以下三项特点的公司:拥有长期竞争优势,由德才兼备的经理人所经营,可以用合理的价格买到股票。

——2003 年巴菲特致股东函

背景分析

说这话的时候,巴菲特刚刚经历了"无所事事"的 2002 年,他居然没有买进多少股票,而是买进了满手的债券。

他向股东解释说,"不管市场或经济状况如何,我们随时都很乐意买进符合我们标准的'三好'企业,而且规模越大越好,但目前找不到这样的企业。资金并未被充分利用,这种情况时而有之,虽然这让人感到不太好受,但那总比干蠢事好得多"。

行动指南

找不到"三好学生"就不要投入你的资金,不要因为别人的聒噪和喧嚣而动摇自己的心。

1月7日 确定你的能力范围

如果你不能马上足够了解自己所做的生意,那么即使你花上一两个月时间,情况也不见得会有多少改观。 你必须对你可能了解的和不能了解的有个切身体会,你必须对你的能力范围有个准确的认知。 范围的大小无关大局,重要的是那个范围内的东西。 哪怕在那个范围内只有成千上万家上市公司里的 30 家公司,只要有那 30 家你就没问题。

你所要做的就是深入了解这 30 家公司的业务,你根本不需要去了解和学习其他的东西。 早年的时候,我做了大量功课来熟悉生意上的事情。 我们要走出去,采取所谓"抹黄油"的方式,去与企业的用户谈,与企业以前的雇员谈,与企业的供应商谈,去和我们能找到的每一个人谈。 通过这种手段,你很快就会发现谁是业界最好的企业。

——1998 年巴菲特在佛罗里达大学商学院的演讲

背景分析

巴菲特的买卖都是很"简单"的,比如他买进中石油股票前,只看过它的年报,从未见过一桶中石油出产的石油;再比如他买下全球最大的再保险公司之一通用再保险,花了 180 亿美元,却连它们的总部都没去过。

然而,这种简单背后孕育着大量不简单的学习和体验过程。先确定自己的能力范围,再做好、做透范围内的事情,就一定可以成功。

行动指南

知己知彼方能百战百胜,股道和兵法是相通的。

1月8日 降低交易成本

过去 35 年来,美国企业创造出优异的成绩,按理说投资人也应该跟着获得丰厚的回报,只要大家以分散且低成本的方式搭顺风车即可,但为什么大多数投资人的绩效却惨不忍睹呢?

我认为这其中主要有三个原因:第一是交易成本太高,投资人的进出往往过于频繁,或者是花太多费用在投资管理上;第二是投资决策往往是基于小道消息而非理性量化的企业评价而作出的;第三,浅尝辄止的方法加上错误的介入时点,如在多头上涨多时的高点才介入,或是经历一阵子的盘底走势后低档退出。

投资人必须谨记,过度兴奋与过高的交易成本是我们的大敌。 如果大家一定要投资股票,我认为正确的心态应该是当别人贪婪时要感到恐惧,当别人恐惧时要变得贪婪。

——2004 年巴菲特致股东函

背景分析

巴菲特从 20 世纪 80 年代初期开始被全世界投资者所熟知,一半是因为他的投资业绩,一半是因为他独特的投资思路。在那个时代,他就多次公开批评"喜欢流动性的投资者"。巴菲特曾经计算过,按照美国股市的一般交易量规律,一年累积下来的花费通常可以把全美国最大的几家大企业的年度盈余全部花光。

行动指南

中国内地 A 股投资者习惯使用的技术分析法则中通常有对"量"的描述,甚至很多"大师"会煞有介事地告诉"学员",量比价还重要。其实这是信口雌黄。

中国内地 A 股的交易量已经大到了危及股市生存根基的地步,任何一年的印花税总额都高于那一年的企业盈利总量。2007 年的大牛市里,一年的印花税甚至高于此前十多年股市分红的总额,这样的市场焉能健康发展?投资者焉能持续赢利?

1月9日 股价越低越好

对于大市的走势,我一无所知。 虽然我的偏好无足轻重,但是我希望它向下调整。 市场对我们的感情是无暇顾及的。 这是你在学习投资股票时,首先要了解的一点。

如果你买了 100 股通用汽车的股票,往往就会对通用汽车一下子充满感情。 当它跌价时,你变得暴躁,怨天尤人;当它攀升时,你沾沾自喜,自以为聪明,对通用汽车也是喜爱有加。 你会变得非常情绪化,但是股票却不晓得谁买了它。 股票只是一个物质存在而已,它并不在乎谁拥有了它,又花了多少钱。 我们对市场的感情是不会有一丝回报的,我们依靠的是一个异常冰冷的肩膀。

未来十年里,在座的每个人都可能是股票的净买家,而不是净卖家,所以每人都应该盼着更低的股价。 未来十年里,你们肯定是汉堡的大吃家,所以你盼着更便宜的汉堡,除非你是养牛专业户。 如果你现在还没拥有可口可乐的股票,你又希望买一些,你一定盼着可口可乐的股价走低。 你盼着超市在周末大甩卖,而不是涨价。

——1998 年巴菲特在佛罗里达大学商学院的演讲

背景分析

巴菲特的老师格雷厄姆的《聪明的投资者》一书首次提出了"聪明的投资者应该盼望股价跳水而不是不断上扬"的观点,而巴菲特也自称他当年看到这一段时豁然开朗,知道了怎样做才是正确对待股市上下波动的态度以及安全边际效应的问题。

巴菲特当时 19 岁,一个 19 岁的人能领悟到这一点已经很不容易了,更难得的是他用未来的 60 年(甚至可能是 80 年)来坚守这一信念。

行动指南

"股神"说,他永远也预测不出大市的走势,他也不在乎走势,他甚至希望股票价格越低越好。你可以想想,自己为什么在每个地方都跟他相反? 到底是谁出了问题?

1月10日 吸引力

我对股市的热情与它下跌的程度成正比,当前股市对我的吸引力较一年前已经低得多。 我是说,即便现在经济有所改善,也并不意味着这会令股市变得更有吸引力。同时需要说的是,去年 3 月左右,股市触及十年低点,但是,我们没能抓住机会大量购买股票,对此我深感遗憾。

就我个人而言,我比较喜欢股市下跌;就好像如果哪一天我走进麦当劳,发现他们的汉堡包在打对折,那我会非常高兴,因为这意味着同样的钱我可以购买更多的汉堡包。

——2010 年伯克希尔·哈撒韦公司股东大会期间巴菲特接受 CNBC 的专访

背景分析

2009 年年初,美国股市在"金融海啸"后陷入 10 年来的最低谷,后逐渐走出低迷回到正轨。

行动指南

巴菲特永远都以恐惧的心态进入市场;当看到某个具有吸引力的东西,就会变得贪婪。这告诉我们,首先要看到市场的不利面,在赚钱之前要保证先不失钱。而市场陷入低谷,股票十分便宜,正是保障不亏损的最有力武器。

1月13日 股市是个体重计

1919年，可口可乐股票以每股40美元公开上市，到了1920年由于市场对可口可乐的前景相当不看好，以致股价下跌一半至19.5美元。然而时至今日，1993年年底，若是当时将收到的股利再重复投资下去，则当初股票的价值将变成210万美元。就像格雷厄姆所说："短期而言，市场是投票机器，投资人无须靠智能或情绪控制，只要有钱就可以登记参加投票；但就长期而言，股市却是一个体重计。"

——1993年巴菲特致股东函

背景分析

从1991年到1993年，可口可乐与吉列每股获利的增加幅度分别为38％和37％，但是同期股票市价的涨幅却只有11％和6％。造成这种情况的主要原因在于华尔街对可口可乐品牌有很深的疑虑，但数年后情况逆转，可口可乐和吉列的股价报复性暴涨，远远超过每股盈余的增长。

这就是"投票机"和"体重计"的最好写照。

行动指南

如果你没有"称重"的能力，就不要轻率地"投票"！

1月14日 好东西终究是好东西

看到今年所列的投资与去年竟如此相似，你可能会认为本公司的管理阶层实在是昏庸到无可救药，不过我们还是坚持相信离开原本就熟悉且表现优异、稳定的公司，实在是非常不智之举，这类公司实在是很难找到更好的替代者。

先前我曾经提到，若是在1919年以40美元投资可口可乐会获得怎样的成果。1938年在可口可乐问世达50年且早已成为代表美国的产品之后，《财富》杂志对该公司做了一次详尽的专访,在文章的第二段作者写道:"每年都会有许多重量型的投资人看好可口可乐,并对于其过去的辉煌纪录表示敬意,但也都作出了自己太晚发现这个公司的结论,认为该公司已达巅峰,前方的道路充满了竞争与挑战。"

我忍不住想要引用1938年《财富》杂志的报道:"实在是很难再找到像可口可乐这样拥有这么大的规模,而且又能持续十年保持不变的产品内容。"如今又过了55个年头,可口可乐的产品线虽然变得更广泛,但令人印象深刻的是对它的这种形容还依旧适用。

——1993年巴菲特致股东函

背景分析

没错,1938年确实充满了竞争,1993年也是。不过值得注意的是,1938年可口可乐一年总共卖出2亿箱饮料,但是到了1993年该公司一年卖出饮料已经高达107亿箱。这家当时已经成为市场领导者的公司,在将近50年的时间里总销量又增长了50倍。对于1938年加入的投资者来说,宴会根本还没有结束,虽然于1919年投资40美元在可口可乐股票上的投资人(含将所收到的股利再投资)到了1938年可获得3277美元,但若是在1938年重新以40美元投资于可口可乐股票,时至1993年年底,股票的价值还是照样可以成长到25000美元。

行动指南

投资者不是服装设计师,可不能总想着赶时髦。

1月15日 挑选简单的去做

可口可乐与吉列的竞争力在一般产业观察家眼中实在是显而易见的,然而其股票的 Beta 值[①]却与一般平庸、完全没有竞争优势的公司相似,难道只因为这样我们就该

---

① 简单说,Beta 就是股价变动与大盘变动的比值,大于1说明股价波动大、风险大,小于1说明波动小、风险小。这是一种股票交易中盛行的技术理论,它完全无视公司的基本面,而是把历史数据的统计作为判断股价走势的唯一依据。巴菲特一直致力于批判这种投资理念。——编者注

认为在衡量公司所面临的产业风险时,完全无须考虑它们所享有的竞争优势吗? 或者就可以说持有一家公司部分所有权——也就是股票的风险,与公司长期所面临的运营风险一点关系都没有? 我们认为这些说法,包括衡量投资风险的 Beta 公式在内,一点道理都没有。

Beta 学者所架构的理论根本就没有能力去分辨,销售宠物玩具或呼啦圈的玩具公司与销售大富翁或芭比娃娃的玩具公司,所隐藏的风险有何不同? 但对一般普通的投资人来说,只要他略懂消费者行为以及形成企业长期竞争优势或弱势的原因,就可以很明确地看出两者的差别。 当然每个投资人都会犯错,但只要将自己集中在相对少数、容易了解的投资个案上,一个理性、知性与耐性兼具的投资人一定能够将投资风险限定在可接受的范围之内。

——1993 年巴菲特致股东函

背景分析

巴菲特一直鼓励没有特别优势的小投资者放弃直接买股票,干脆就买指数基金。他说:"通过定期投资指数基金,一个什么都不懂的投资人通常能打败大部分的专业经理人。很奇怪的是,当愚昧的金钱了解到自己的极限之后,它就不再愚昧了。"

另一方面,他也认为,若你是稍具常识的投资人,能够了解产业经济,应该能够找出 5～10 家股价合理并有长期竞争优势的公司,此时一般分散风险的理论对你来说就一点意义也没有,要是采用分散风险的做法反而会影响你的投资成果并增加你的风险。

行动指南

任何时候不要把钱用在你心目中排名第七的股票上,最好是集中在首位上。如果想适当分散风险,至多把钱放在前六位上,更不要因为股评家或者经纪人的话而去买你不熟悉的股票。

1月16日 反向，一直反向

很久以前，查理定下自己远大的雄心："我只想知道我将丧生何处，那么我就绝不会去那个地方。"这些智慧受到了伟大的普鲁士数学家雅可比（Jacobi）的启发，他将"反向，一直反向"作为解决难题的方法。

查理和我避开我们不能评估其未来的业务，无论他们的产品可能多么激动人心。过去，即使是普通人也能预测到汽车（1910 年）、飞机（1930 年）和电视机（1950 年）这些行业的蓬勃发展。 不过，未来则会包含扼杀所有进军这些行业的公司的竞争动力，即使幸存者也常常是鲜血淋漓地离开。

由于成群竞争者争夺主导权，查理和我虽能够明确预见某个行业未来会强劲增长，但这并不意味着我们能够判断其利润率和资本回报会是多少。 在伯克希尔·哈撒韦，我们将坚持从事其未来数十年的利润前途似乎可合理预测的行业。 即使如此，我们还是会犯下许多错误。

—— 2010 年巴菲特致股东函

背景分析

为了应对可能会犯下很多错误（事实上他们的确犯了）的状况，巴菲特有意识地将企业的现金需求想象得很大，同时依靠量多且多样化的业务的收益不断注入新的流动性。

2008 年 9 月，当金融体系陷入瘫痪之时，伯克希尔·哈撒韦为该体系提供流动性和资本，而不是作为求助者。在危机顶峰时期，伯克希尔·哈撒韦向企业界投入 155 亿美元，否则这些企业可能只能向联邦政府求助。

行动指南

商学院式的行业分析被巴菲特嗤之以鼻，"中国有多少人需要……我们占领多少市场就能……"式的逻辑在很多企业中盛行，而巴菲特和查理·芒格的做法是避开不可知的强劲竞争的市场环境,保持现金充裕,在合适的时机出击确定性极高的企业。

1月17日 投资最好的经营者

　　零售业的经营相当不易,在我个人的投资生涯中,我看过许多零售业曾经拥有极高的成长率与股东权益报酬率,但是到最后突然间表现急速下滑,很多甚至被迫以倒闭关门收场。 比起一般制造业或服务业,这种刹那间的永恒在零售业屡见不鲜,部分原因是零售业的竞争异常激烈,这些零售业者必须时时保持聪明警惕,因为你的竞争对手随时准备复制你的做法,然后超越你。 在零售业,一旦业绩下滑,注定就会失败。

　　相对于这种必须时时保持警惕的产业,还有一种我称之为只要聪明一时的产业。举个例子来说,如果你在很早以前就懂得睿智地买下一家地方电视台,你甚至可以把它交给懒惰又差劲的亲人来经营,而这项事业却仍然可以好好地经营几十年。 当然若是你懂得将汤姆·墨菲[①]摆在正确的位置上,你所获得的收益将会更惊人。 但是对零售业来说,要是用人不当的话,就等于买了一张准备倒闭关门的门票。

——1995 年巴菲特致股东函

背景分析

　　巴菲特的这番感慨是在他刚刚收购了威利家具店(R. C. Willey)——犹他州最大的家具店之后发出的,此前他曾收购了内布拉斯加家具店,并且极为欣赏这家家具店的经营成果。

　　1954 年,当比尔从其岳父手中接下威利家具店时,该公司的年营业额只有 25 万美元。从这个基础开始,比尔运用梅·惠斯特[②]的哲学——重点不在于你得到的是什么,而在于你将得到的如何运用——在其兄弟谢尔登的协助之下,将公司的营业额一举提

---

　　① 汤姆·墨菲(Tom Murphy),原大都会通信公司 CEO,后来又担任大都会 ABC 的 CEO。大都会 ABC 是美国广播公司(America Broadcasting Company Inc,简称 ABC)被大都会通信公司收购后的名称,后来该公司也被巴菲特收购。——编者注

　　② 梅·惠斯特(Mae West,1892—1980),好莱坞著名影星,巴菲特非常喜爱这位风趣才女、性感美女,并经常引用她的话。——编者注

升到 1995 年的 2.57 亿美元,拥有犹他州超过 50％以上的市场占有率。

行动指南

投资有时候不是投企业,而是投人。就像巴菲特日后说的,比尔·盖茨不卖软件卖汉堡,一样可以打败麦当劳。

1 月 20 日　"霹雳猫"

与过去三年一样,我们再次强调,今年伯克希尔·哈撒韦的保险事业之所以能够有这么好的成绩,部分原因要归功于"霹雳猫"业务又度过幸运的一年。从事这类业务,我们出售保单给保险公司与再保险公司,以分散其面临超大型意外灾害可能承担的风险。由于真正重大的灾害并不常发生,所以我们的"霹雳猫"业务有可能在连续几年赚大钱后,突然发生重大的损失。大家必须明白,所谓重大损失的年头不是可能会发生,而是肯定会发生,唯一的问题是它什么时候会降临。

我之所以会把丑话说在前头,是因为我不希望大家哪天突然听到伯克希尔·哈撒韦因为某大型意外灾害需理赔一大笔钱时,恐慌地抛售手中的持股:如果届时你真的会有这种反应,你就根本不应该拥有本公司的股份,就像如果你是那种碰到股市崩盘会恐慌性地抛售手中股票的人,我建议你最好不要投资股票,听到坏消息而把手中的好股票卖掉通常不会是一个明智的决定。

——1996 年巴菲特致股东函

背景分析

"霹雳猫"是对"巨灾保险"业务的昵称。这个来自英语"CAT"缩写的昵称很形象地指出了该业务的特征,"霹雳猫"业务在没有巨灾发生的年份里,会像一只小猫那样温顺,保险公司笑纳巨额保费而没有成本发生,不过一旦发生超乎想象的巨灾,比如新奥尔良飓风事件、"9·11"事件等,就会立刻化为一道霹雳,炸得保险公司焦头烂额。

行动指南

随时握有充足现金,准备抵抗风险,这也是巴菲特数十年来安然度过屡次经济危机的法宝。

1月21日 寻找"真命天子"

当然比起一些具爆发性的高科技或新创的事业来说,这些被永恒持股的公司的成长力略显不足,但与其二鸟在林,还不如一鸟在手。

虽然查理和我本人终其一生追求永恒的持股,但真正能够让我们找到的却凤毛麟角。 一个公司光是取得市场领导地位并不足以保证成功,看看过去几年来通用汽车、IBM与西尔斯这些公司,都曾是领导一方的产业霸主,在所属的产业都被赋予不可取代的优势地位,大者恒存的自然定律似乎牢不可破,但实际结果却不然。

因此在找到真正的"真命天子"之前,旁边可能还有好几打假冒者,这些公司虽然曾经红极一时,但却完全经不起竞争的考验。 换个角度来看,既然能够被称为永恒的持股,查理和我早就有心理准备,其数量绝对不可能超过50家,甚至是不到20家,所以就我们的投资组合来说,除了几家真正够格的公司之外,还有另外几家则是属于极有可能的潜在候选人。

——1996 年巴菲特致股东函

背景分析

其实就算是那些伟大的公司,也不是没有走过弯路,它们往往由于经营阶层规划的方向产生偏差,将原本良好的本业基础弃之不顾,反而跑去并购一堆平凡普通的公司。当这种状况发生时,其投资人所需承受的煎熬便会加重、加长。

鲜为人知的是,巴菲特津津乐道的可口可乐与吉列就干过这样的糗事。十几年前,可口可乐大举投入养虾事业,还开过电影厂;而吉列竟热衷于石油探勘。傲慢或不甘寂寞的心态使得这些经理人胡思乱想,进而导致企业的价值停滞不前,这种情形屡见不鲜。

行动指南

寻找值得一生持有的公司就像寻找值得托付终身的伴侣一样困难,更难的是,你往往还得警惕他(她)婚后出轨学坏。

1月22日 价值评估

虽然我们从来不愿尝试去预测股市的动向,不过我们却试着评估其合理价位。记得在去年股东会时,道指约为 7071 点,长期公债的利率为 6.89%,查理和我就曾公开表示,如果符合以下两个条件,则股市并未被高估:一是利率维持不变或继续下滑;二是美国企业继续维持现有的高股东权益报酬率。

现在看起来,利率确实又继续下滑,这一点算是符合条件;另一方面,股东权益报酬率仍旧维持在高档。 换句话说,若这种情况继续维持下去,同时利率也能够维持现状,则一般来说没有理由认为现在的股市过于被高估;不过从保守角度来看,股东权益报酬率实在很难永远维持在现有的这种光景。

——1997 年巴菲特致股东函

背景分析

价值投资哲学没有过多秘密可言,唯一的核心就是评估企业价值,然后在低于这个价值并且拥有一定安全边际的条件下买入股票。

查理是巴菲特最推崇的投资者之一,他的评估模型十分值得借鉴,即值得投资的公司的基本条件是:企业股东权益报酬率大大高于同期长期限的国债利率。

行动指南

市场中记得经常去评估企业价值的投资者已经很少了,能理性而不是过分贪婪或者恐惧地去评估价值的投资者就更少了——不对,是简直没有——否则怎么"股神"只有一个?

1月23日 成功的理论永不过时

就我个人的看法,投资成功不是靠晦涩难解的公式、计算机运算和股票行情板上股票上下的跳动。 相反,投资人要想成功,唯有凭借着优异的商业判断,同时避免自己的想法和行为受到容易煽动人心的市场情绪所影响。 以我个人的经验来说,要消除市场诱惑,最好的方法就是将"市场先生"理论铭记在心。

追随格雷厄姆的教诲,查理和我着眼的是投资组合本身的经营成果,以此来判断投资是否成功,而不是它们每天或是每年的股价变化。 短期内市场或许会忽略一家经营成功的企业,但最后这些公司终将获得市场的肯定。

一家成功的公司是否很快就被发现并不是重点,重要的是这家公司的内在价值能够以稳定的速度成长;事实上越晚被发现有时好处更多,因为我们就有更多的机会以便宜的价格买进它的股份。

当然有时市场也会高估一家企业的价值,在这种情况下,我们会考虑把股份出售。 另外,有时虽然公司股价合理甚至略微被低估,但若是我们发现有被更低估的投资标的或是我们觉得比较熟悉了解的公司时,我们也会考虑出售股份。

——1987 年巴菲特致股东函

背景分析

在 20 世纪出版的专业投资书籍中,也许格雷厄姆的著作以及巴菲特的《致股东函》是最通俗易懂的。然而,简单的哲学的确是最有用的。

进入 21 世纪后,复杂的金融衍生品以及全球化交易一度令金融投资仿佛是博士以下学历者难以企及的事情。但事实是,拥有两位诺贝尔奖得主的长期资本管理公司破产了,拥有无数数学天才的华尔街五大投行纷纷落马了,但只有大学本科水平的巴菲特率领几个"老弱残兵"却在为他们"收尸"。

行动指南

自己也讲不清楚的事情,无论他怎么推销,你都不要接受。

1月24日　无限增长的不可能

我们还面临另一项挑战：在有限的世界里，任何高成长的事物终将自我毁灭，若是成长的基础相对较小，则这项定律偶尔会被暂时打破，但是当基础膨胀到一定程度时，好戏就会结束，高成长终有一天会被自己所束缚。

——1989年巴菲特致股东函

背景分析

巴菲特自从20世纪70年代末就开始写著名的《致股东函》，几乎每两三年他就要非常诚恳地表示一次公司每年动辄20％～30％的增长是不可能长期持续的。可事实是直到21世纪，增长依然很快，我们也并没有看见他的鼻子像皮诺曹一样变长。

行动指南

不知道那些经常喊自己高抛低吸，每个星期抓一个涨停板还不过瘾的股评家们的鼻子会不会变长？

1月27日　君子不取不义之财

在犯下其他几个错误之后，我试着尽量只与我们所欣赏、喜爱与信任的人来往，就像是我之前曾提到的，这种原则本身不会保证你一定成功。 二流的纺织工厂或是百货公司不会只因为管理人员是那种你想把女儿嫁给他的人就会成功的，然而公司的老板或是投资人却可以因为与那些真正具有商业头脑的人打交道而获益良多。 相反，我们不会希望跟那些不具有令人尊敬特质的人为伍，不管他的公司有多吸引人，我们永远不会靠着与坏人打交道而成功。

——1989年巴菲特致股东函

背景分析

截至巴菲特写这份年报的 1989 年,他每年的平均复合投资收益率高达 23.8%,但是依然有人指责他不用财务杠杆、尽量不负债收购的做法降低了对股东的回报。对此,巴菲特郑重地公布了自己的原则:第一,不因为追求暴利而增加风险;第二,不因为追求商业利益而与不令人尊敬的人交往。

行动指南

我们往往默认,道德与财富是无关甚至冲突的。巴菲特则不时用言行告诉我们,要想获得持久、巨额而安全的财富,你必须首先做一个令人尊敬的人。

1 月 28 日 通货膨胀是投资的最大敌人

很不幸,公司财务报表所记载的盈余已不再表示就是股东们实际所赚的,只有当购买力增加时,才表示投资获得了真正的盈余。 假设当初你放弃享受 10 个汉堡以进行投资,期间公司分配的股利足够让你买 2 个汉堡,而最后你处置投资后可换 8 个汉堡。 你会发现事实上不管你拿到的是多少钱,你的这项投资实际上并无所得,你可能觉得更有钱,但不表示你可以吃得更饱。

高通货膨胀率等于是对投入的资本额外课了一次税,如此一来可能使得大部分的投资变得有点愚蠢。 近几年来这个基本门槛,即企业投资所需的最基本的报酬率使得整条投资报酬为正的底线可谓是日益提高,每个纳"税"人就好像是在一个向下滑的电扶梯上拼命往上跑一样,最后的结果却是越跑越往后退。

——1980 年巴菲特致股东函

背景分析

举例来说,假设一个美国投资人的年报酬率为 20%(这已是一般人很难达到的成绩了),而当年度的通货膨胀率为 12%,其又不幸适用 50% 的所得税率,则我们会发现该投资人在盈余全数发放的情形下,其实质报酬率可能是负的。因为这 20% 的股利收入有一半要归公,剩下的 10％全部被通货膨胀吃光,不够还要倒贴,这结局可能还不如在通货膨胀温和时投资一家获利平平的公司。

行动指南

通货膨胀固然使投资成绩大大缩水,但是不投资的结果只能更惨。

1 月 29 日　重组多失败

你必须完全理解,查理和我可能会有一种损及绩效表现的态度,那就是:不论价格高低,我们绝不会出售伯克希尔·哈撒韦所拥有的好公司,只要我们预期它们能够产生一些现金流入,而我们也对该公司的经营阶层、劳资关系感到安心。

我们希望不要重复犯下资金配置错误导致我们投入次级的产业,同时也对于那些只要投入大量资本支出便能改善获利状况的建议(预测通常很亮丽,报告的人也很诚恳,但到最后额外的重大投资得到的结果就好像是在流沙上挣扎一般)不予理会。 打牌似的管理行为(每轮都把最好的牌丢出)并非我们的行事风格,我们宁可整体的结果逊色一点也不愿意花大把银子处理它。

——1983 年巴菲特致股东函

背景分析

20 世纪 80 年代,美国正在兴起杠杆收购热潮,即买下一家经营陷入困境的企业,注入资本和产业,更换管理层,令其振作,然后再转让获利。

巴菲特尽管是收购高手,却拒绝做类似的事情,但是外界仍经常沸沸扬扬地传他又看上了什么企业,对此他作了一个说明,同时也是重申了他的原则。

行动指南

任何要"重组"的企业,都要给予"提防"评级。

1月30日 投资原则通用

大部分的事业投资除非持续投入大量的资金,否则所谓获利提升的空间极为有限,这是因为大部分的企业无法有效地提高其股东权益报酬率——即使是原先一般认定可自动提高报酬率的高通货膨胀环境也是如此。

让我们对这个把债券当作投资的个案进一步说明:若你决定将每年 12% 报酬的债券利息收入继续买入更多的债券,它就好比你投资一些保留盈余继续再投资的一般企业一样。 就前者而言,若今天你以 1000 万美元投资 30 年票面零利率的债券,则 30 年后即 2015 年,你约可得到 3 亿美元。

换句话说,我们投资债券就好像把它当成一种特殊的企业投资,它具备有利的特点,也有不利的特点,但我们相信若你以一般投资的角度来看待债券,将可避免一些令人头痛的问题。

——1984 年巴菲特致股东函

背景分析

一般人认为巴菲特只买股票不买债券,其实他也买,他甚至也投资金融衍生品,在 2008 年"次贷危机"导致的金融衍生品大溃灭中,他还出售了一大笔认沽权证。

但是,无论什么投资,巴菲特运用的原则都是一样的。

行动指南

追求一个超越通货膨胀的稳定回报率,然后用时间和复利来扩大你的收益,这就是巴菲特在股市、债市上通用的原则。

1月31日 信息

我的老师格雷厄姆 40 年前曾讲过一个故事:一个老石油开发商蒙主宠召,在天堂的门口遇到了圣·彼得(耶稣十二门徒之一)。 圣·彼得告诉他一个好消息和一个坏消息,好消息是他有资格进入天堂,但坏消息却是天堂里已没有位置可以容纳额外的石油开发商了。 老石油开发商想了一下,跟圣·彼得说只要让他跟现有住户讲一句话就好,圣·彼得觉得没什么大碍就答应了。 只听老石油开发商对内大喊,"地狱里发现石油了",不一会儿,天堂的门打开了,所有的石油开发商争先恐后地往地狱奔去。 圣·彼得大开眼界地对老开发商说: "厉害! 厉害! 现在你可以进去了。"但只见老开发商顿了一下后,说道: "不! 我还是跟他们一起去比较妥当,传言有可能是真的。"

——1985 年巴菲特致股东函

背景分析

巴菲特和许多投资者不同的地方在于,他从不寻求小道消息,他甚至极端厌恶地认为,让一位百万富翁破产的最好方法就是不断地给他小道消息。他最喜欢的投资消息来源是年报。据说巴菲特的办公室十分破旧,连一台股票行情报价系统也没有,但是却堆满了各种公司的年报,从地板到天花板。

行动指南

中国内地 A 股投资者通常的两个偏见是:第一,巴菲特的原则在中国不适用;第二,索罗斯的那种趋势投资法更适合中国。

这里先不探讨两者谁优谁劣,实际上你可以这样总结:仔细研究年报,不听小道消息不一定能让你在中国发财;但是如果你不看年报只听小道消息,在世界任何地方都会破产。

二月 ｜ 大道至简

MON	TUE	WED	THU	FRI	SAT	SUN
					1 初二	**2** 初三
3 初四	**4** 立春	**5** 初六	**6** 初七	**7** 初八	**8** 初九	**9** 初十
10 十一	**11** 十二	**12** 十三	**13** 十四	**14** 元宵节	**15** 十六	**16** 十七
17 十八	**18** 十九	**19** 雨水	**20** 廿一	**21** 廿二	**22** 廿三	**23** 廿四
24 廿五	**25** 廿六	**26** 廿七	**27** 廿八	**28** 廿九		

2月3日 等待机会

虽然对于现有的投资部分感到相当满意,但是我们也为陆续进来的资金找不到理想的去路而感到忧心。 目前不管是整家公司还是单一股票,市场价格都过高,但我并不是要预言股价将会下跌,我们从来就不对股市发表任何看法,这样说的意思只是要提醒大家,未来新投入资金的预期报酬将会大大减少。

在这种情况下,我们试着学习职业棒球传奇明星特德·威廉斯(Ted Williams)的做法。 他在《打击的科学》一书中解释道,他把打击区域划分为 77 个框框,每个框框就约一个棒球的大小,只有当球进入最理想的框框时,他才挥棒打击,因为他深深地知道只有这样做,他才能维持 4 成的超高打击率;反之要是勉强去挥击较差的框框,将会使他的打击率骤降到两三成以下。 换句话说,只有耐心等待好球,才是通往名人堂的大道,好球坏球照单全收的人迟早会面临被降到小联盟的命运。

——1997 年巴菲特致股东函

背景分析

巴菲特经常表达这样一种态度:对于任何负责资金运用的人而言,成功必然导致衰退。

他并不是为自己可能的失败找台阶,这是一个用数学可以论证的命题。以他个人投资履历为例,他在 1951 年进入哥伦比亚大学拜在格雷厄姆门下时,只要抓住能赚到 1 万美元的投资机会就能让投资绩效超过 100%。不过,时至 1997 年,一笔能赚 5 亿美元的成功投资个案,也只能让伯克希尔·哈撒韦增加区区一个百分点的投资绩效。在这种情况下,耐心等待,不盲目出击成为一种必然的投资策略。

行动指南

大多数情况下,迎面朝我们而来的"投"资机会大多只是看上去很好而已。如果我们选择挥棒,则得到的成绩可能会不大理想;但要是我们选择放弃不打,则没有人敢跟你保证下一球会更好。不过你要明白,生活不是打棒球,一个棒球手三次不打就要被判出局,而你只需要一次足够大的机会就可以改变人生。

2月4日 逆市场而行

如果我们接下 2.5 亿美元的灾害保险,并自留大部分的保额,很有可能会在一夕之间损失这 2.5 亿美元,这种概率虽然很低却并不表示没有可能。 若真的发生那样的损失,我们的税后损失大概会是 1.65 亿美元,相较于伯克希尔·哈撒韦每季度所赚的盈余来说,只能算是个小数字,虽然我们会丢了面子,但还不至于失了里子。

……

事实上,这样的经营策略让我们成为市场上的稳定力量。 当供给短缺时,我们可以马上进场满足大家的需求;而当市场过于饱和时,我们又会立即退出市场观望。 当然我们这样的做法并不只是为了达到市场的稳定而已,而是因为我们认为这样才是最合理、对大家最有利的做法。 当然,这样的做法能间接达到稳定市场的效果,也符合亚当·斯密所提的市场有"一只看不见的手"的说法。

——1989 年巴菲特致股东函

背景分析

巴菲特通常是走在市场反面的,这不光表现在股市上,他对保险公司的经营策略也是如此。

1989 年,再保险公司们吃了大亏。Hugo 飓风造成 40 亿美元的损失,加州大地震在几个星期内又接连发生,造成难以估计的损失。受到这两个事件的严重打击,许多保险公司及再保险公司亏了一屁股,这是因为前几年没有灾害时,它们通常打价格战,只给"霹雳猫"防护收很低的保费,而巴菲特的公司则宁可不接任何业务也不降价。

1989 年的大灾害使得许多"霹雳猫"业者穷于修复保险客户的伤口,使得地震灾后保单供给发生短缺,保费价格很快就回到了相当吸引人的水准,尤其是再保险公司本身所买的保单。伯克希尔·哈撒韦马上就签下了一批 2.5 亿美元以上的保单,而且因为其手头现金充足,根本不用花钱买什么"霹雳猫"业务,结果赚了一大笔。

行动指南

打棒球、卖保险、炒股票，这三件事如果有一个共同点的话，就是要不走寻常路。

2月5日 保留盈余

在判断是否应将盈余保留在公司时，股东不应该只是单纯地比较增加的资本所能增加的边际盈余，因为这种关系会被核心事业的现况所扭曲。 在高通货膨胀的时代，某些具有特殊竞争力的核心事业能够运用少量的资金创造极高的报酬率(如同去年我们曾提过的商誉)，除非是经历销售量的巨幅成长，否则一家好的企业定义上应该是指那些可以产生大量现金的公司。

相对而言，如果一家公司将本来的资金投入低报酬的事业，那么即使它将增加的资本投入较高报酬的新事业，表面上看起来是不错，但实际上却不怎么样，就好比在高尔夫球配对赛中，虽然大部分的业余选手成绩一塌糊涂，但因为团体比赛只取最好的成绩，因而往往由于部分职业选手的精湛球技而使整体显得出色。

——1984年巴菲特致股东函

背景分析

巴菲特的公司从来不分配盈余，而是把所有的钱留做自用，也就是用来再投资，赚取复合收益。

上市公司的股东一般偏好公司有一贯稳定的股利政策，因此股利的发放应该要能够反映公司长期的盈余预期，因为公司的前景通常不会常常变化，股利政策也应该如此。但长期而言，公司经营阶层应该要确保留下的每一块钱盈余都能发挥效用，若一旦发现盈余保留下来是错的，那么同样也代表现有经营阶层留下来是错的。

伯克希尔·哈撒韦数十年来的记录也显示，保留盈余给巴菲特的确可赚得较市场更高的报酬率。在这种情况下，任何发放股利的动作可能都不利于公司的所有大小股东。

行动指南

我们的证券市场管理者、投资者和舆论,通常都将上市公司分红当作一种"利好",其实它也完全可能是"利空",关键在于上市公司的管理层能不能将保留盈余用来赚更多的钱。

不抓住问题实质的批评,只能是一种误导投资者的妄语。

2月6日 经理人文化

在伯克希尔·哈撒韦,我们一直认为要教像托尼(盖可保险公司的 CEO)这样杰出的经理人如何经营公司是一件相当愚蠢的事,事实上要是我们一直在背后指指点点,大部分的经理人可能早就干不下去了。 他们可以说是商场上的 "强打麦奎尔" [①],根本就不需要我们去指导他如何拿棒子或何时挥棒。

但是由伯克希尔·哈撒韦掌控企业所有权,却能够让这些经理人有更好的发挥。首先,我们去除掉一般总裁必须面对的所有繁文缛节与没有生产力的活动,我们的经理人可以全心全意地安排自己的个人行程; 其次,我们给予经理人相当明确简单的任务指示,那就是要用像自己拥有公司那样的心态来经营,还要把它当作是你跟家人在全世界仅有的资产来看待,同时在有生之年内,你没办法将它卖掉或是让别人给并购走。 我们告诉他们完全不要因为会计账面方面的考量而影响到其实际经营的决策,我们希望经理人了解什么才是最关键最紧要的事。

——1998 年巴菲特致股东函

背景分析

很少有上市公司的经理人可以如此自在地经营公司,这是因为大部分公司背后的股东往往只看重短期的利益。相比之下,伯克希尔·哈撒韦背后几十年来一直有相当

---

① 指弗朗西斯·麦奎尔(Francis Maguire),他被誉为西方企业界的"金手指",是美国营销界的权威人士之一。——编者注

稳定的股东群,拥有其他上市公司少见的长期投资眼光,因此旗下的经理人可以用一辈子的时间来经营公司,而不用为了下一季度的获利情况而烦恼。

行动指南

大部分经济学评论者认为,制度是对经理人的最好约束和激励,但我不这么看。往往企业文化和大股东的心态是更强更好的武器——华尔街上任何一家投行的制度规章都比伯克希尔·哈撒韦严密得多,但给它们"收尸"的总是巴菲特。

2月7日 什么导致投资收益最小化?

为了弄清楚这些费用是如何飞涨起来的,你可以这样想象一下:美国所有的上市公司被单独一个美国家庭所拥有,而且将永远如此。我们称这个大家庭为 Gotrocks。对所得分红纳税之后,这个家庭一代接一代地依靠他们拥有的公司所获得的利润将变得更加富有。

但让我们设想,几个伶牙俐齿的帮助者接近这个家庭,劝说每个家庭成员要想方设法通过买入某一只股票和卖出另外某一只股票取得比其他家庭成员更好的投资业绩。这些帮助者十分热心地答应来处理这些交易,当然他们要收取一定的佣金。这些家庭成员交易的次数越多,他们从企业收益这个大饼中所分到的份额越少,而那些作为经纪人的帮助者分到的份额越多。

这些作为经纪人的帮助者始终牢记的事实是:交易的活跃性是他们的朋友,因此他们总是想方设法提高客户交易的活跃性。

不久又来了三批新的"帮助者"。第二批帮助者是投行,第三批帮助者是财务规划专家和机构咨询专家,第四批帮助者是对冲基金。他们其实是失业的第一批帮助者换了工作服和头衔后杀回来的,他们干脆提出了一个惊人的简单解决之道:支付给我更多的报酬,一切都会好起来。

——2005 年巴菲特致股东函

背景分析

这正是我们投资人今天所面临的处境:如果投资人只是老老实实地躺在摇椅上休息,所有上市公司的总收益会越来越多,也将会全部装进投资人的口袋里,如今这些本该属于他们的收益却溜进了队伍日益膨大的"帮助者"的口袋里。而这些"帮助者"们通常在连续往自己的口袋里装进巨额钞票后,还要拉下一堆金融危机的账单给他们的雇主。还有什么比这更不公平的事情?

行动指南

对于投资者整体而言,增加运动导致收益减少。

2月10日 老友记

在寻找新的投资标的之前,我们选择先增加旧有投资的仓位。 如果一家企业曾经好到让我们愿意买进,我想再重复一次这样的程序应该也是相当不错的。 在股票市场中,投资人常常有很多机会可以增加他对感兴趣的公司的持股,像是去年我们就扩大了在可口可乐与美国运通的持股。

20世纪40年代,我的第一笔投资资金有一半是来自发送《华盛顿邮报》的收入,30年后,伯克希尔·哈撒韦趁该公司上市两年后的股价低档买下一大部分的股权。至于可口可乐,可以算得上是我生平从事的第一笔交易,1930年当我还是个小孩子的时候,我花了25美分买了半打的可乐,然后再以每罐5美分分售出去。

我个人在美国运通的投资历史包含好几段插曲。 在20世纪60年代中期,趁着该公司为色拉油丑闻所苦时,我们将巴菲特合伙企业40%的资金压在这只股票上,这是合伙企业有史以来最大的一笔投资,总计花了1300万美元买进该公司5%的股份。时至今日,我们在美国运通的持股将近10%,但账列成本却高达13.6亿美元。 美国运通1964年的获利为150万美元,1994年则增加至14亿美元。

——1994年巴菲特致股东函

背景分析

巴菲特的投资总是集中在那几个翻来覆去被提及的老名字上,他拒绝科技股,也拒绝任何带有投机性的公司,他不介意别人说他老了、落伍了。然而就是这么一个老家伙,总是能每过三五年就给年轻人一点"颜色"看看。

行动指南

投资不在于新老,而在于你是否真的弄懂了这个行业。不过,通常人们能真正弄懂看透的行业,都是些老行业,就像你真正了解的朋友,总是那些老朋友。

2月11日 择善而从

在我们奥马哈(伯克希尔·哈撒韦公司的总部所在地)有一位先生说,当他雇人时,他会看三个方面:诚信、智能和精力。雇一个只有智能和精力,却没有诚信的人会毁了雇者。一个没有诚信的人,你只能希望他愚蠢和懒惰,而不是聪明和精力充沛。我想谈的是第一点,因为我知道你们都具备后两点。

能否将橄榄球扔出60码之外并不重要,是否能在9秒3之内跑100码也不重要,是否是班上最好看的也无关大局,真正重要的是那些人的品质。如果你愿意的话,你可以拥有所有那些品质。那些行动、脾气和性格的品质,都是可以做到的。

它们不是我们在座的每一位力所不能及的。

——1998年巴菲特在佛罗里达大学商学院的演讲

背景分析

巴菲特的老师格雷厄姆就曾经告诫他,道德上的模仿才有可能成就大事业,巴菲特也是这么做的。他曾多次说过,如果多赚一笔钱却不得不留下一个污点,在未来数十年人生里随时可能被人挖出来蒙受羞辱,令自己没尊严,这是世界上最不合算的事情。

所以他告诫那些听演讲的学生,一定要把那些自己认为人生必备的好品质都写下来,好好思量一下,择善而从。

行动指南

勿以善小而不为,勿以恶小而为之。

2月12日 能力范围内的稳定投资

　　投资人真正需要具备的是给予所选择的企业正确评价的能力,请特别注意"所选择"这三个字;你不必像很多专家那样同时研究许多家公司,相反,你要做的只是选择少数几家在你能力范围之内的公司就好;能力范围的大小并不重要,要紧的是你要很清楚自己的能力范围。

　　就我个人认为,有志从事投资的学生只要修好两门课程,亦即"如何给予企业正确的评价"以及"思考其与市场价格的关系"即可。

　　身为一位投资人,大家其实只要以合理的价格买进一些很容易了解且其盈余在未来5~10年内会大幅成长的企业的部分股权就可以了。 当然一段时间下来,你会发现只有少数几家公司符合这样的标准,所以要是你真的找到这样的公司,那就一定要买进足够分量的股权。 在这期间,你必须尽量避免自己受到外界诱惑而偏离这个准则。 如果你不打算持有一家公司股份十年以上,那最好连十分钟都不要拥有它,在慢慢找到这样盈余加总能持续累积的投资组合后,你就会发现其市值也会跟着稳定增加。

——1996 年巴菲特致股东函

背景分析

　　大部分对巴菲特一知半解的人都认为,他的秘诀就是长期投资。这显然是极大的误读。巴菲特一直强调人的能力圈,也就是找到自己真正了解的行业和企业才能长期投资,否则就不如去买指数基金。

行动指南

　　从某种程度上讲,"业余投资者"往往比"专业投资者"更有优势,因为他们往往还从事着一些投资以外的工作,如果他们又很精通这个行业,就会拥有一些优势。著名的投资大师彼得·林奇①也是这种观点,他的口号就是:打败华尔街。

2月13日 坚守能力圈

你只能活在现在时。 你也许可以从过去的错误中汲取教训,但最关键的还是坚持做你懂的生意。 你应该坚守在凭自身能力看得透的领域。

当你作出决策时,你应该看着镜子里的自己,扪心自问:"我以每股55美元的价格买入10股通用汽车的股票是因为……"你对自己所有的购买行为负责,必须时刻充满理性。 如果理由不充分,你的决定只能是不买。

——1998年巴菲特在佛罗里达大学商学院的演讲

背景分析

如果仅仅是有人在网上猛推荐某只"黑马股",或者因为QFII②等机构投资者买入了某只股票,又或是技术指标看上去不错等而作出一个投资决定,显然风险是极大的。

行动指南

投资是用钱投票,盲目投资等于是用钱打水漂。

2月14日 幸福的秘诀

幸福的秘诀是降低预期。 在投资上,一定要牢记安全第一,而不是赚钱第一,要降低你的预期,做最坏的准备,只做安全有把握的投资,决不盲目冒险投资。

---

① 彼得·林奇(Peter Lynch)是麦哲伦共同基金的创始人、杰出的职业股票投资人、华尔街股票市场的聚财巨头,投资回报率一度神奇地高达2500%,创造了股票世界里的传奇,其著作有《战胜华尔街》、《学以致富》。——编者注

② QFII:合格的境外机构投资者(Qualified Foreign Institutional Investors)。——编者注

我的铁律：第一条，千万不要亏本；第二条，千万不要忘记第一条。

——2010 年巴菲特在伯克希尔·哈撒韦公司股东大会上的讲话

背景分析：

2009 年 2 月，巴菲特出资 3 亿美元购买了哈雷戴维森公司（哈雷摩托制造商）的优先股，股息率为 15%。哈雷戴维森的优先股更像是债券而不是股票，但一年多来，哈雷戴维森的股价已经翻了一番。因此有人问巴菲特为什么当初没有购买哈雷戴维森的普通股？

巴菲特解释说："我没有把握确定哈雷戴维森的股票值多少钱，但我有一点非常有把握，那就是哈雷戴维森公司不可能倒闭，15% 的固定收益率非常具有吸引力。在投资哈雷戴维森债券上我知道的足够多，但在哈雷戴维森股票上我知道的并不多。"

行动指南：

珍惜已经到手的收益，永远不要去后悔"当初为什么没有买某只涨得更多的股票"，那样只会成为追逐电动兔子的赛犬。

2 月 17 日 安静思考

问题：身处乡间（巴菲特常年住在美国西部小城奥马哈，远离华尔街，他也极少去华尔街办事）和在华尔街相比有什么好处？

巴菲特：身处华尔街的缺点就是，在任何一个市场环境下，华尔街的情况都太极端了，你会被过度刺激，好像被逼着每天都要去做点什么。 钱德勒家族花 2000 美元买了可口可乐公司，除此之外就不要再做其他的事情了。① 事情的关键是无为而治，即使在 1919 年也不要卖。 所以，你所要找寻的出路就是，想出一个好方法，然后持之以

---

① 1888 年 5 月，阿沙·钱德勒共花了 2300 美元把可口可乐的所有权全部买下。此后可口可乐快速成长，1891 年 12 月 29 日，钱德勒申请成立可口可乐公司。1919 年，即钱德勒退休几年之后，他的家族将可口可乐出售，价格高达 2500 万美元。买下它的是银行家伍德鲁夫，他让股份公开上市，以每股 40 美元挂牌，这才有了日后巴菲特买进可口可乐的故事。——编者注

恒,尽最大可能,直到把梦想变成现实。 在每5分钟就互相叫价一个来回,人们在你的鼻子底下报价的环境里,想做到不为所动是很难的。 华尔街靠的是不断买进卖出来赚钱,你靠的是不去做买进卖出而赚钱。 这间屋子里的每个人每天互相交易你们所拥有的股票,到最后所有人都会破产,而所有钱财都进了经纪公司的腰包。 相反,如果你们像一般企业那样,50年岿然不动,到最后你赚得不亦乐乎,而你的经纪公司只好破产。

——1998年巴菲特在佛罗里达大学商学院的演讲

背景分析

巴菲特曾经在华尔街工作了两年多,那段时间也是他投资业绩最差的时候。在成为"股神"并被称为"奥马哈智者"后,他依然会每年去一次华尔街,去之前他会把一切事情都考虑清楚,然后列要办的事情清单,比如要并购某家公司或者卖出一些股票。办完事情,他就回到奥马哈,仔细考量下一步的行动。

行动指南

假如你没有独立思考、冷静判断的能力和环境,而是一味地靠经纪人或者股评家的建议来投资,一定会输得精光。美国有句谚语是:不要问理发师你需不需要理发。

2月18日 价值就在过程中

1985年出售证券收益的金额达到4.88亿美元,其中大部分(约3.4亿美元)是缘于我们出售通用食品的股票。 我们从1980年开始便持有这些股份,当初以远低于我们认为合理的每股企业价值价位买进,年复一年,吉姆与菲尔等管理阶层的优异表现大幅提升了该公司的价值,一直到去年秋天,菲利普·莫里斯(Philip Morris)对该公司提出并购的要求,使其价值一夕之间显现出来。

我们因四项因素而大大受惠:便宜的买进价格,一家优秀的公司,一群能干且注重股东权益的管理阶层,愿意出高价的买主。 虽然最后一项因素是这项获利能够一举浮现的关键因素,但我们却认为前三项才是能为伯克希尔·哈撒韦股东创造最大利益的根本原因。 在选择股票时,我们专注于如何漂亮地买进,而完全不考虑逢高出脱的可能性。

——1985 年巴菲特致股东函

背景分析

出售证券收益就好像大学生的毕业典礼一样,四年来所学的知识在一朝被正式认可,而事实上在当天你可能一点长进都没有。巴菲特经常持有一只股票长达十年之久,在这期间其价值稳定地增长,但是全部的账面利益却全反映在出售的那一年。

行动指南

总有些吵人的声音在嗡嗡地叫着:"卖点比买点更重要。"这是彻头彻尾的伪命题。首先,没有买哪有卖? 其次,价值的增长完全来自买的时候的低估以及中间持有期间的盈利增长。最后,真的有人可以预测出何时能在最高点卖吗?

2月19日 投资人痛苦指数

几年前,年复合报酬率达到 20% 的投资或许就可以称得上是成功的投资。 但目前则未必,因为我们还必须把通货膨胀率与个人所得税率列入考量,投资人唯有将这些负面因素扣除后所得购买力的净增加作为评定标准,才能论定最后的投资结果是否令人感到满意。

通货膨胀率以及股东在将每年公司获利放入口袋之前必须支付的所得税率(通常是股利以及资本利得所需缴纳的所得税),两者合计可被称为"投资人痛苦指数"。当这个指数超过股东权益的报酬率时,意味着投资人的购买力(真正的资本)不增反减,对于这样的情况我们无计可施,因为高通货膨胀率不代表股东报酬率也会跟着提高。

——1979 年巴菲特致股东函

背景分析

如果伯克希尔·哈撒韦能维持每年 20％的获利,这成绩已相当不简单,但无法保证每年都如此,而这样的成绩又完全转化成其股票价格的上涨,那么在 14％的高通货膨胀率之下,投资者的购买力可以说几乎没有任何增加,因为根据美国法律,剩下的6％将会在决定将这 20％的所得变现放入口袋时,用来缴所得税给国库。

行动指南

投资人已经是如此痛苦,假如你还要频繁交易增加成本,一定会苦上加苦,苦不堪言。

2月20日　优质股东

一家公司往往会吸引同类型的人成为其股东。 若公司注重的是短期成果或是股价的波动,则具有这种特色的投资人便会自动上门成为其股东;而若公司对其股东采取轻蔑的态度,最后投资大众亦会以相同的态度回报之。

费雪是一位令人尊敬的投资专家与作者,曾比喻一家公司吸引股东的方式,就好比餐厅招揽顾客的方法,餐厅可标榜其特色,如便利的快餐店、优雅的西餐厅或特别的东方食物等,以吸引同一性质的顾客群。 若服务好、菜色佳、价钱合理,相信顾客会一再上门。 然而餐厅却不能时常变换其所强调的特色,一下是法国美食、一下是外带比萨,最后反而可能导致顾客的愤怒与失望。

所以我们对于一些公司总是希望自家公司的股票保持高周转率感到疑惑不解,感觉上这些公司好像希望原有的股东赶快厌倦而琵琶别抱、另结新欢,以使得新的股东能够抱着新希望、新幻想赶快加入。

——1979 年巴菲特致股东函

背景分析

1979 年伯克希尔·哈撒韦在纳斯达克上市,这表示在每天的《华尔街日报·证券版》上将可以看得到其的报价。从此,华尔街多了两件新鲜事:第一,多了一个把年报写得妙趣横生的董事长;第二,多了一群死忠的股东。

伯克希尔·哈撒韦的股东是相当特别的一群人,每年年末约有98%股份的股东会保留他们的持股,此外约有90%股份的股东其最大的股票投资就是伯克希尔·哈撒韦(甚至是唯一的投资),所以巴菲特把每年的股东大会开得像老友碰面会一样。

行动指南

巴菲特的一位小学同学,此人从小崇拜"股神",从巴菲特开始集资炒股就把自己所有的钱投了进去,而且有多少投多少,从不怀疑。40年后他退休时,拥有了高达5亿美元的财富!

有时候,你只要认准人头就可以轻松致富!

2月21日 股东权益报酬率

就短期而言,我们一向认为营业利益(不含出售证券损益)除以股东权益(所有股票投资按原始成本计算)所得的比率,为衡量单一年度经营成果的最佳方式。

我们不认为应该对每股盈余过于关注,因为虽然1979年我们可运用的资金又增加了不少,但运用的绩效反而不如前一年,因为即便是利率固定的定存账户,只要摆着不动,将领取的利息滚入本金,每年的盈余还是能实现稳定成长的效果。 一个静止不动的时钟,只要不注意,看起来也像是运作正常的时钟。

所以我们判断一家公司经营好坏的主要依据,取决于其股东权益报酬率(排除不当的财务杠杆或会计做账),而非每股盈余的成长与否。 我们认为如果管理当局及证券分析师能修正其对每股盈余的关注,则股东及一般投资大众将会对这些公司的运营情况有更深入的了解。

——1979年巴菲特致股东函

背景分析

之所以不按市价计算,是因为如此做将使得分母每年大幅波动而失去比较意义。

举例来说,股票价格大幅下跌造成股东权益跟着下滑,其结果将使得原本平常的营业利益看起来反而不错。同样,股价表现越好,股东权益分母跟着变大,将使营业利益率变得失色。

行动指南

股东权益报酬率的确是看年报时尤其需要关注的硬指标,读者尤其要谨记此要领。

2月24日 企业的先天资质要好

虽然我们的纺织事业仍持续不断地有现金流入,但与过去所投入的资金实在是不成正比,这并非经理人的过错,主要是产业环境使然。 在某些产业,比如说地方电视台,只要少数的有形资产就能赚取大量的盈余,而这行的资产售价也奇高,账面为1元的东西可以喊价到10元,这反映出其惊人获利能力的身价,虽然价格有点吓人,但那样的产业路子可能反而比较好走。

在经过多次惨痛的教训之后,我们得出的结论是,所谓有"转机"的公司,最后鲜少有成功的案例,所以与其把时间与精力花在购买廉价的烂公司上,还不如以合理的价格投资一些体质好的企业。

——1979年巴菲特致股东函

背景分析

巴菲特数度在纺织业挣扎,除了伯克希尔·哈撒韦外,他也曾在20世纪70年代买下位于曼彻斯特的沃姆贝克·米尔斯纺织厂(Waumbec Mils)。虽然买进的价格相当划算,也取得了一些物美价廉的机器设备与不动产,几乎可以说是半买半送的,但即使他们再怎么努力,事后证明整个决策依然是个错误,因为旧的问题好不容易才解决,新的问题又冒出来。

行动指南

卖得便宜的股票通常都有便宜的道理,搏 ST 公司重组,效果类似于轮盘赌。

2月25日 现金并购

从并购者的经济角度来看,最不划算的交易方式就是以股换股的做法,不但租税上没有任何好处,买方还要付出高额的并购溢价;而若买方之后再把这家公司卖掉,即使实际上公司承担庞大的经济损失,卖主还是要负担高额的资本利得(税率往往高达 35% 以上)。

——1999 年巴菲特致股东函

背景分析

当一家公司被并购,通常一般公认会计原则(GAAP)容许两种截然不同的会计处理方法:一种是购买法,另一种是权益合并法。权益合并法就是换股票,也是最普遍的办法。巴菲特认为这是对股东的不负责任,合理的办法是用现金购买。因为现金购买会计账,因此多出一项叫做"商誉"的会计科目,而此商誉日后要分年摊销,时间可能长达数十年。与之对应,未来数十年里,公司的账面盈余可能小很多,但是实际现金流可能大很多(因为商誉摊销会降低盈利数字,但实际上钱早在购买时就一次性付清了),此外摊销商誉费用时还可得到租税的抵减。

行动指南

尽管制度严密,但 CEO 的行为导向通常还是跟股东利益不一致,投资者务必警惕。

2月26日 注资陷阱

个人认为投资人对于股权稀释与否的关心实在是有点过度,现在的每股盈余(甚至是未来几年的每股盈余)固然是企业评价的重要因素,但却绝非唯一的因素。

管理阶层必须仔细想清楚,他们在卖部分股权时,会不会像在卖掉100%股权一样认真思考;若卖掉全部股权的做法不恰当,那么在同一基础上,卖掉部分股权就合理吗? 请谨记,管理当局的小错误绝对会慢慢累积成为一项大错误而非大胜利(拉斯韦加斯的成功就是建立在人们从事看似无伤大雅的资本交易损失所造成的财富移转之上)。

——1982年巴菲特致股东函

背景分析

取舍之间的因素考量在投资公司间可以很容易地计算,假设投资公司甲的市价仅为其真正价值的一半,并打算并购投资公司乙;又假设投资公司甲决定发行相当市值的股份以换取投资公司乙全部的资产,在这种情况下,投资公司甲等于是以两元钱的实质价值换取一元钱的实质价值。

然而对制造、服务、金融等公司而言,其价值却不像投资公司那么容易计算,但我们却常常见到某些并购案,像前面所提案例一样明显伤害原有股东的权益。

行动指南

这种行为在中国股市中尤为盛行,大家请看频繁的大股东将资产"注入"上市公司的举动,被注的资产都是被评估到了天价。

2月27日 合理评估盈余

除非是特殊情况(比如说负债比例特别高或是账上持有重大资产未予重估),否则我们认为"股东权益报酬率"应该是衡量管理当局表现比较合理的指标。1977 年我们期初股东权益的报酬率约为 19％,这比去年同期稍微好一点,但远高于本身过去长期以及当年美国企业整体的平均数,所以虽然我们每股的盈余成长了 37％,但由于期初的资本也增加了 34％,这使得我们实际的表现并没有想象中那么好。

——1977 年巴菲特致股东函

背景分析

通常公司会大力宣称每股盈余又创下历史新高,但很少有公司会坦承其中多少盈余的增长是因为公司资本的累积扩增。比如说每年股本扩充 10％或每股盈余增长 5％就不是什么好事,毕竟就算是静止不动的定期存款,由于复利的关系每年都可稳定地产生同样的效果。

行动指南

股东权益报酬率和自由现金流(扣除资本开支外的现金流)是"股神"的两大利器。珍重之!

2月28日 董事的勇气

真正的独立,代表的是当企业发生错误或是做了愚昧的事情时,董事有敢于挑战强势总裁的勇气,这是担任董事必须具备的最重要的特质之一,可惜这种特质极其罕见。这种特质得从品格高尚且利益着眼点与一般股东一致的人士身上才能找到,一定要相当的一致才行。

我们董事们的最后底线是,如果你们赢,他们就大赢,如果你们输,他们就大输。我们的方式或许可以被称之为所有者资本主义,我们不知道有什么方法可以维持真正的独立性。虽然这样的安排无法保证一定会有完美的结局,但这比起我个人在伯克希尔·哈撒韦拥有大量股份的公司董事会担任董事,当大多数有疑问的提案提出时,董事会往往只能扮演橡皮图章的角色,要好得太多了。

——2003 年巴菲特致股东函

背景分析

伯克希尔·哈撒韦拥有 11 位董事,而他们每一位都至少持有价值超过 400 万美元的伯克希尔·哈撒韦股票,而且每位持股的时间都相当长,其中 6 位其家族持股价值都超过数千万美元,持有时间甚至长达 30 年以上,同时所有董事的持股跟其他股东一样都是从公开市场用钱买来的。这些人能不紧紧盯住公司的一举一动吗?

行动指南

没有人会喜欢去洗外面租来的车。同理,若上市公司的董事长自己都在经常抛售自己的股票,你也赶紧跑在他(她)前面吧。

三月 │ 打造明星公司

March **3**
2014 CALENDAR

MON	TUE	WED	THU	FRI	SAT	SUN
					1 二月大	**2** 初二
3 初三	**4** 初四	**5** 惊蛰	**6** 初六	**7** 初七	**8** 初八	**9** 初九
10 初十	**11** 十一	**12** 十二	**13** 十三	**14** 十四	**15** 十五	**16** 十六
17 十七	**18** 十八	**19** 十九	**20** 二十	**21** 春分	**22** 廿二	**23** 廿三
24 廿四 **31** 三月小	**25** 廿五	**26** 廿六	**27** 廿七	**28** 廿八	**29** 廿九	**30** 三十

3月3日 最佳董事会结构

在年度的股东会上,有人常常会问:"要是哪天你不幸被车撞到,该怎么办?"我只能说很庆幸他们还是在问这样的问题,而不是问"要是哪天你不被车撞到,我们该怎么办?"

这样的问题让我有机会谈谈近年来相当热门的话题——公司治理,它分为三类。

首先是目前最普遍的一类。在这类公司的股权结构中,并没有一个具掌控能力的大股东。在这种情况下,我认为董事会的行为应该要像是公司有一个因事未出席的大股东一样,在各种情况下,都要确保这位虚拟大股东的长期利益不受到损害。然而很不幸的是,所谓的长期利益反而给了董事会很大的弹性操作空间。

……

我认为董事的人数不必太多,最好在十个以内,同时大部分成员应该从外部遴选,而外部董事应该建立对 CEO 表现的评核制度,并定期聚会,在 CEO 不在场的情况下,依据这些原则评断其表现。

——1993 年巴菲特致股东函

背景分析

另外两种公司治理结构,一种是已经发生在伯克希尔·哈撒韦的,另一种是它希望成为的。前者是具控制权的大股东本身也是经营阶层,后者是公司拥有具控制权的大股东,但却不参与公司经营,公司能够充分运用外部董事的能力,若董事们对于经营阶层的能力或品格感到不满意,他们可以直接向大股东反映。这种环境相当适合外部董事的发挥,因为他只需要将情况向单一且关心公司前景的所有权人报告,同时只要理由充分就可以马上发挥改变的效果。

行动指南

理论上,第三种情况最能够确保一流的经营阶层存在,因为在第二种情况下,老板不可能把自己给炒掉;而在第一种情况下,董事们通常很难与表现平庸又难以驾驭的经理人打交道。

3月4日　人少也能办大事

这一小群精英(指伯克希尔·哈撒韦总部的12.8名员工)再次创造了奇迹,2000年他们一口气处理了8件并购案的大小事宜,应付例行法令、行政规范与税务申报(光是申报书就厚达4896页),使总计25000名股东出席的股东会圆满落幕,并正确无误地发出股东指定捐赠的支票给3660家慈善机构。 除此之外,对于一家集团营业额高达400亿美元、股东超过30万人的大公司,其日常行政事务有多少可想而知,说到这里,有这12.8人在身边感觉真好。

我实在是不应该领薪水,而要付薪水。

——2000年巴菲特致股东函

背景分析

2000年,伯克希尔·哈撒韦一口气完成8件并购案,这些案子的金额总计高达80亿美元,所有资金完全依靠自有资金支应,没有举债半毛钱,这8家企业的年营业额合计高达130亿美元,雇用员工58000名……令人叫绝的是,连巴菲特自己在内,集团总部只有12.8人(为什么有0.8人? 留个悬念,请看3月6日)。

行动指南

看看那些规模不大却效率奇低的公司,光"副总"可能就有十多人,董事长尸位素餐却领取着上千万元年薪(巴菲特年薪10万美元,还嫌自己花钱大手大脚),他们居然还不知羞耻地谈自己的贡献大。

3月5日　克制扩张冲动

我们完全不理会签发保单的数量,在下一个年度我们很愿意一口气签出比前一年多5倍的保单,但若是只能签发1/5的保单也无所谓。 当然,若情况允许,我们希望是越多越好,但我们实在是无法掌握市场价格。 若价格不理想,我们就会暂时退出市场,少做一点生意,在同业中再没有其他任何一家保险公司有我们如此高的自制力。

在保险业普遍存在的特殊情况(这在其他产业并不多见)使得我们能保持相当的弹性:第一,市场占有率并不绝对等于获利率,不像新闻业或是零售业,在保险业最后能够存活的不一定是最肥的那个人;第二,许多的保险类种,其中也包含我们所从事的主要险种,销售通路并非只有唯一管道,所以进入障碍低,今年业绩不多,不代表明年就一定会很少;第三,闲置的产能对保险业来说主要是在于人力,这部分并不会造成太大的负担,在印刷或是钢铁业的话就不同了,我们可以在保持慢速前进的同时,随时蓄势待发准备向前冲刺。

——1987 年巴菲特致股东函

背景分析

伯克希尔·哈撒韦凭借着强大的资金实力,实行着与一般保险公司截然不同的营销策略。巴菲特是本杰明·富兰克林的信徒,后者有一句名言是"空沙包很难站得直挺"。当客户认真想到往后 5～10 年,若是运气不佳同时又碰上金融市场低迷,再保业者倒闭频繁等景象,而怀疑保险公司是否仍有能力轻松地支付 1000 万美元理赔金时,那么他可以挑选的保险公司其实是相当有限的。在所有的"沙包"之中,伯克希尔·哈撒韦无疑是站得最直挺的一个。

行动指南

巴菲特有句名言说,投资第一秘诀是不要亏损,第二秘诀是不要亏损。很多人认为是废话,其实此话意义深远。看看那些低价竞争、寅吃卯粮的再保险者,它们扮演的不正是今天赚钱痛快哪管明天亏损痛苦的角色吗?

3月6日 节约,再节约

随着经济实力的增长,我们雇用员工的人数也同步增加,我们现在拥有 47566 名员工,其中包括 1998 年并购通用再保险后并进来的 7074 人,以及内部增聘的 2500 人

和为了服务新增加的人手有 9500 人,我们的总部人员也从原来的 12 人扩编为 12.8 人
(0.8 指的不是查理或我本人,而是我们新请的一位会计,一周工作 4 天),尽管这是组
织浮滥的警讯,但是我们去年税后总部开支却只有区区 350 万美元,大概占我们管理
总资产的一个基本点(万分之一)还不到。

——1998 年巴菲特致股东函

背景分析

这就是你在"3 月 4 日"看到的 0.8 人的解释。

行动指南

巴菲特投资任何公司都很重视管理层压低成本的能力,事实上他本人就是这方面
的模范。

3月7日 道德的力量

我们发现卖方是否在意公司将来的归属其实相当重要,我们喜欢与那些钟爱公
司,而不只是斤斤计较出售公司能够得到多少钱的人往来(当然我们也明白没有人会
不爱钱)。

当我们意识到有这样的情形存在时,通常代表了这家公司拥有相当重要的特质:
诚实的账务、产品的自信、客户的尊重以及一群专心一致的忠实员工。反之亦然,当
一家公司的老板只一味地想要将公司卖一个好价钱,但却一点都不关心公司卖掉后的
下场,你马上就会了解为什么他会急着想要卖公司。而当一家公司的老板表现出一
点都不在乎公司死活时,公司的上上下下一定也会感染这种气氛,使得其态度与行事
作风跟着转变。

——2000 年巴菲特致股东函

背景分析

要知道一家经典企业得由一个企业家终其一生,有时甚至是好几代,以无微不至

的用心与优异的才能建立。对于老板来说,接手的人是否能承续过去辉煌的历史是相当重要的一件事。巴菲特正是在这方面建立了很高的声望,使他能收购到好几家特别优质的公司,价格也不很昂贵,因为对方相信,自己的公司能在巴菲特手里发扬光大而不是走向没落。

行动指南

道德的力量有时和金钱的力量同样强大。

3月10日 非受迫性失误

如果做不到业绩大幅度成长,我们将没有任何借口,因为查理和我拥有相当理想的工作环境,首先我们背后拥有超级坚强的经营团队支持我们的运营。如果有企业名人堂,那么我们旗下许多经理人肯定可以名列其中,所以错误一定不会是我们这些明星经理人造成的。

此外,我们在管理上享有极其罕见的自由弹性。大部分的公司都背负了组织的包袱,举例来说,企业过去辉煌的历史可能使得其受困于前景有限的产业。更常见的问题是来自股东的压力,迫使其经理人必须随着华尔街的基调起舞,虽然多数经理人抗拒,但还是有不少人屈服,被迫采用不同的运营与资金运用政策。而在伯克希尔·哈撒韦,我们完全没有历史或股东的压力来妨碍我们作出明智的决定,所以当查理和我本人犯错时,套用网球界常用的术语,那就是"非受迫性失误"。

——2003年巴菲特致股东函

背景分析

2003年伯克希尔·哈撒韦的净值增加了136亿美元,每股账面净值增加了21%,累计过去39年以来,也就是自从现有经营阶层接手之后,每股净值由当初的19美元增长到现在的50498美元,年复合增长率约为22.2%。从一家原本摇摇欲坠的北方纺织公司,蜕变成一个涉足各个产业的大型集团,其实质价值大幅超越账面价值,39年来实质价值的增长率甚至远超过账面价值22.2%的增长率。

行动指南

把压力扛在董事长头上，让高级管理人员自由安心地做事，是企业成功的法宝。

3月11日 并购想法

大部分企业老板无不终其一生努力建立自己的企业王国，经过不断努力淬炼，他们在营销、采购与人事管理上的经验都能持续地精进，这是一个学习的过程，先前一时的挫败通常会成就后来的成功。

如果你真的决定要卖，可能的买主基本上可以分为两大类：

第一类是你的同业或是与你所处的产业相近的业者，这种买家不管他给你怎么样的承诺，通常会让你感觉到好像他比你更懂得如何来经营你的事业，而早晚有一天他会想要插手来帮你运营。

第二类是财务公司，大量运用所借来的资金，只要时机得当，总是准备随时将公司再卖给投资大众或是别的大企业，通常这类买主对公司最大的贡献就是改变公司的会计政策，使得公司盈余比以前看起来好看一点，如此一来得以用更好的价格脱手。

……

至于伯克希尔·哈撒韦则属于另外一种类型的买主，而且绝对是与众不同的。我们买进是为了拥有，但我们不要、也不希望公司的运营主管由母公司指派，我们旗下所有的事业都能够相当独立自主地运营。当我们买下一家公司之后，卖方依旧还是照原来的样子经营公司，是我们要去适应他们，不是他们要来适应我们。

——1990年巴菲特致股东函

背景分析

上面这段文字可以说是巴菲特并购企业哲学的精髓。

通常巴菲特购买的企业其股权结构是伯克希尔·哈撒韦占80%，原有的经营团队能够保留20%的股份，因为他希望那个团队继续留下来，没人比原来那个团队更懂得经营这家公司。

伯克希尔·哈撒韦会介入的领域是资金的规划与配置以及高阶人员的任命和报酬,其余的人事、运营策略等都是管理层自己的事,盖可保险旗下有些事业的经理人甚至不把任何商业决定向巴菲特报告。

行动指南

做事业的人会和做事业的人谈得来,只顾捞钱的人只能跟中介和财务手段玩弄者谈得来。

3月12日 无为而为

大都会通信公司拥有优良的资产与优异的管理阶层,而这些管理技能同样也延伸至运营面及资金管理面,想要直接买下它所要花费的成本可能是间接通过股票市场投资的两倍。 更何况直接拥有权对我们并没有多大的好处;控制权虽然让我们拥有机会,但同样也带来责任去管理企业的运营及资源,我们根本就没有能力对现有管理阶层在这些方面提供任何额外的帮助。

事实上,与其管还不如不管,不管更能得到好的结果,这样的观念或许很反常,但却是我们认为比较合适的。

—1977 年巴菲特致股东函

背景分析

1977 年,巴菲特投资了 1090 万美元在大都会通信公司的股票上,后来他在略有盈余后出售了这部分股票。但数年后,巴菲特花了几倍于那时的股价重新买回了这家公司,并列入"永久持股"的名单中。他坦言,最吸引人的就是大都会通信公司优异的公司治理。

行动指南

与其管还不如不管,这就像犹太人的名言所说:下等老板用尽自己的力,中等老板用尽别人的力,高等老板用尽别人的智慧!

3月13日 盈余再投

如果旗下百分之百持有的子公司可以再利用这些资金创造更好的投资报酬，我们并不反对它们将所赚取的盈余继续保留在账上，同样，对于其他持有少数股权的被投资公司，如果它们可以好好地运用这些资金，创造更好的报酬，我们何乐而不为！这样的前提是那些产业并不需要投入太多的资金，而且管理层过去没有将资金浪掷在低投资报酬率上的记录。

这些股权投资累积下来的未分配的盈余越来越可观，虽然它们并未反映在我们的报表之中，但它们对于股东长远利益的贡献相当重要。 我们期望股票市场能够维持现状，好让我们为旗下保险公司大量买进更多物美价廉的股票，虽然某些时候市场情况不一定会允许，但我们还是会努力去寻找更多的机会。

——1978年巴菲特致股东函

背景分析

事实是，巴菲特的公司从未分过红，他自己也将绝大部分的收入再投入到自己公司的股票上，而他的投资业绩没有辜负"没有将资金浪掷在低投资报酬率上的记录"这个评价。

行动指南

向着正确的方向，不断加大自己的仓位和投入，才能将胜果最大化。

3月14日 如何看穿财务造假？

复杂难懂的财务报表附注通常暗示管理当局不值得信赖，如果你根本就看不懂附注或管理当局的说明解释，这通常代表管理当局根本就不想让你搞懂。

安然①在某些交易中的过程说明,到现在还让我相当困惑。 最后要特别小心那些习惯夸大盈余预测及成长预期的公司,企业很少能够在一帆风顺、毫无意外的环境下经营,所以盈余也很难按照当初预计的那样稳定成长。

目前查理和我不仅不清楚明年我们旗下事业到底能够赚多少钱,我们甚至都不知道下一季度的数字,所以我们相当怀疑那些常常声称知道未来会如何如何的人,而如果他们真的每次都能达到盈余目标,我们反而更怀疑这其中有鬼。 那些习惯保证能够达到数字目标的人,总有一天会被迫去假造数字。

——2002 年巴菲特致股东函

背景分析

巴菲特非但不预测和承诺自己的未来业绩,相反还经常向股东泼冷水,说未来的业绩一定会下滑,你们到时候可别吓坏。

行动指南

说得特别好听的往往是只存在于神话或者骗局中的故事,尤其需要警惕的是对虚拟经济的预测(实体经济还多少有一点点靠谱)。

3月17日 经营保险公司的秘诀

保险公司的资金来源于浮存金,这笔资金虽然不归我们所有,但却可暂时为我们所用,而我们的浮存金之所以增加是由于:保费通常在我们提供服务之前就先预缴;今天发生的损失不代表我们立刻就要理赔,其原因在于损害有时要在发生后好几年才会被发现,从而协调及和解。

浮存金固然不错,但前提是取得成本要足够低,而其成本取决于核保的绩效,也就是损失与费用占保费收入的比例。 当核保有利益时,就像伯克希尔·哈撒韦过去 38

---

① 安然公司原是世界上最大的综合性天然气和电力公司之一,在北美地区是头号天然气和电力批发销售商。但安然公司于 2002 年在几周内破产,其持续多年精心策划、制度化、系统化的财务造假丑闻使"安然"成为公司欺诈以及堕落的象征。——编者注

年来的多数情况一样,此时浮存金甚至比免费还好,意味着在这些年别人付费来请我们帮他们保管资金。 然而对于其他大部分的保险同业来说,可就没有那么好过了。总的来说,产物意外险业通常都会有核保损失,当损失过大时,就代表浮存金的成本过高,有时甚至高得离谱。

保险业者的绩效之所以不好,原因其实很简单,他们的产品——保单多属制式,而且许多保险业者都提供相同的产品,有些甚至以合作社的方式经营,所以利润空间相当有限,以至于大部分的投保客户根本就不在乎保单是向谁购买的。

——2004 年巴菲特致股东函

背景分析

或许你会问,伯克希尔·哈撒韦是如何摆脱产业普遍存在的劣势,同时保有持续的竞争优势的。最大的区别是一般保险业者绝对无法复制的一种管理思维,伯克希尔·哈撒韦可以容忍旗下的保险公司连续十多年(1986—1999 年)业绩持续下滑的经营模式。重点在于那种大幅度下滑并不是没有生意可做,事实上只要愿意降点价,马上就会有几十亿美元的保单上门,但伯克希尔·哈撒韦宁可维持利润也不愿随波逐流。

行动指南

不随波逐流,宁可什么都不做也不做可能亏本的生意,既是保险公司的秘诀,也是所有生意的秘诀。

3月18日 股权并购要牺牲原有股东利益

当一家公司管理层骄傲地宣布以股票收购另一家公司时,作为收购方公司的股东们不得不为此牺牲他们的一部分股东权益。 我也做过几次类似的并购交易,当然伯克希尔·哈撒韦的股东们为我的举动付出了相应的代价。

去年的并购有两起:医疗保护保险公司（Medical Protective Company）,以及森林之河(Forest River)。

——2005 年巴菲特致股东函

背景分析

医疗保护保险公司是一家有着 106 年经营历史的医疗事故保险公司。医疗事故保险是一种十分难以承保的险种,一度成为许多保险公司的梦魇之地。然而,医疗保护保险公司却由于视承保纪律重于其他一切经营目标而得以保持利润。森林之河则拥有 60 家工厂和 5400 名雇员,在休闲车制造业保持相当的市场份额,同时还将向船舶制造等其他业务拓展。

行动指南

不是特别好的项目,巴菲特不会轻易出手,原因就是他认为并购新的公司就意味着要牺牲旧的利益,若无特大利益,为什么要这么做?

3月19日 特色的管理结构

我们的努力得到了那些加入伯克希尔·哈撒韦公司的管理者们的巨大支持,这是一个在很多方面都很特别的团队。

首先,他们不是出于金钱上的考虑而工作。他们中的许多人以很高的价格把公司出售给我们并亲自管理,是因为他们喜欢这样做。他们自然也要求公平待遇,但单纯的金钱绝不是他们辛勤且创造性工作的理由。

其次,多少有些相关的是,这些经理人得到了他们想在剩余的工作年限里去从事的理想职业。而在其他公司,重要的经理人热衷于爬到最高位。相反,我们的 CEO 们的成功标准不是是否得到了我提供的工作,而是事业的长期发展。他们决策的出发点是:今天在这里,永远在这里。我认为我们这种独特和难以模仿的管理结构才是伯克希尔·哈撒韦真正的优势所在。

——2007 年巴菲特致股东函

背景分析

巴菲特有种特殊的本事,就是让有本事的人安心替他卖命,甚至只要一点微不足道的报酬。"股神"绝不是某些人想象中的整天和一堆数字打交道,世界上任何事业的核心都是管理人。

行动指南

巴菲特曾说:"我之所以能搞投资,是因为我还是一个不错的企业家。"此诚箴言也!

3月20日 ## 不懂的坚决不做

关于失误有趣的一点是,在投资上,至少对我和我的合伙人而言,最大的失误不是做了什么,而是没有做什么。 对于我们所知甚多的生意,当机会来到时,我们却犹豫了,错过了赚取数以十亿美元计的大钱的好机会。 不谈那些我们不懂的生意,只专注于那些我们懂的。 我们确实错过了从微软身上赚大钱的机会,但那并没有什么特殊意义,因为我们从一开始就不懂微软的生意。

——1998 年巴菲特在佛罗里达大学商学院的演讲

背景分析

对于微软,巴菲特的态度很有意思。他曾感言,如果比尔·盖茨做的不是软件而是卖汉堡,一样会成为首富,如果那样的话,伯克希尔·哈撒韦也许早就压了重注在盖茨身上。但是这一切并不让他有丝毫遗憾,因为不懂就是不懂,如果不懂的生意也要做,伯克希尔·哈撒韦早就破产清算了,根本轮不到去投资微软。

行动指南

失去一些机会总比胡乱出手好。

3月21日 合理激励

现在,以托尼为首的几个主要高级经理人所领取的薪资奖励主要就看两个指数:自愿性保单的成长、常态性保单承保的获利(指留在公司超过一年的保单)。 此外,我们也将同样的标准运用于公司每年员工盈余分配的计划,所以在盖可保险公司基本上每个人都知道真正重要的是什么。

盖可保险公司这项计划充分说明伯克希尔·哈撒韦薪资奖励的原则,那就是必须要能够达到以下目标:适用于个别公司经营状况; 简单明了的规则,如此可以很清楚地加以衡量;与每个参与的员工直接相关。 所以自然地,我们避免给予员工不劳而获的乐透彩,比如说伯克希尔·哈撒韦的认股权,其最终的价值可能由极小到极大,但这却不是那些我们想要影响其行为的人员所能够直接控制影响的。 在我们的观念中,不合理的薪资奖励办法,不但是浪费股东的钱,同时也会让旗下的经理人分心而产生不当的行为。

——1996 年巴菲特致股东函

背景分析

每一季度,盖可保险公司总共 9000 名的员工都可以看到根据盈余分配计划所计算出来的结果。1996 年他们确实享受到了这项成果,因为根据这项计划所计算出来的数字早已打破当初规划时的最高上限,巴菲特就把上限再提高,到最后员工总共分配到年度获利的 16.9%,金额将近有 4000 万美元。

行动指南

合理的奖励是员工继续前进的动力,但是巴菲特坚决反对用那些高额期权计划来激励员工,认为那只会鼓励人们去冒很高的风险经营企业。

3月24日　股东权益投资报酬率

以上所提数字代表着三项重要的指标。第一，现在这七家企业的真正价值远高于其账面净值，同样也远高于伯克希尔·哈撒韦账列的投资成本；第二，因为经营这些事业并不需要太多的资金，所以这些公司利用所赚取的盈余便足以支应本身业务的发展；第三，这些事业都由非常能干的经理人在经营，他们皆兼具才干、精力与品格，将旗下事业经营得有声有色。

也因此当初这些明星经理人加入时，我们抱持着极高的期待，事后证明得到的结果远高于预期，我们获得的远高于我们所应得的。当然我们很乐意接受这样不公平的对待，我们借用杰克·班尼在获得最佳男主角时的感言："我不应该得到这个奖项，但同样我也不应该得关节炎。"

——1987年巴菲特致股东函

背景分析

1987年是伯克希尔·哈撒韦丰收的一年，该公司7个非金融业的主要企业——《水牛城新闻报》、费区海默西服、寇比吸尘器、内布拉斯加家具、史考特·飞兹集团、喜斯糖果与世界百科全书的获利状况均良好，这7家公司在扣除利息与所得税前的年度获利高达1.8亿美元。

这些公司的负债比例都非常低，利息费用总共加起来也不过只有200万美元，所以合计税前获利1.78亿美元，而账列的历史投资股本竟只有1.74亿美元！

若把这7家公司视作单一个体公司，则税后净利约为1亿美元，股东权益投资报酬率更将高达57%，即使财务杠杆再高，你也很难在一般公司看到这种比率。根据Money杂志在1988年出版的《投资人手册》，在全美500大制造业与500大服务业中，只有6家公司过去10年的股东权益报酬率超过30%，最高的一家也不过只有40.2%。

行动指南

股东权益投资报酬是衡量一家企业获利能力的最佳指标。如果这家公司的报酬率很高,负债又很少,那就是一家好公司。

3月25日 理性"追星"

　　我们的被投资公司之所以能够拥有这么多额外的价值,完全要归功于经营它们的这批优秀经理人,查理跟我可以很自在地夸耀这支团队,因为他们能够拥有这些才能与我们一点关系都没有。 这些超级经理人一直都是如此,而我们的工作只不过是发掘这些有才能的经理人,同时提供一个环境,让他们可以好好地发挥,这样他们就会将现金源源不绝地送回总部。

　　我个人在运营上扮演的角色可由我孙女艾米莉的一个小故事来说明。 去年秋天在她4岁的生日宴会上一个小丑演员比默为大家表演了一段魔术。 一开始比默请艾米莉帮他拿一支魔棒在一个宝贝箱上挥舞,绿色的手帕放进箱子里,在艾米莉挥了一下棒子之后,跑出来蓝色的手帕;接着又放进一条手帕,艾米莉又挥了一下,这回跑出一条打结的手帕。 经过四个回合一次比一次精彩的表演之后,艾米莉喜不自胜,脸上发光,沾沾自喜地大叫:"我实在是太厉害了!"这就是我在伯克希尔·哈撒韦的所有贡献。

——1990年巴菲特致股东函

背景分析

　　再一次看到巴菲特狂捧他的经理人们的文字,你会不会感觉他有点像死追刘德华的杨丽娟? 区别仅仅在于,杨丽娟为刘德华倾家荡产而后者避之不及,巴菲特则因为这些"魔术师"的强劲表现而成为世界首富。

行动指南

　　理性"追星"亦是成功的捷径。

3月26日 投资经理人选

四年以前,我曾经说过,等到我和查理·芒格、卢·辛普森都退休后,公司需要聘请年轻的投资经理。 关于首席执行官的职位,我们目前有多位杰出的候选人,但是在投资领域,我们还没有合适的人选。

找到多位绩效卓越的投资经理人是件轻而易举的事。 但是过去出色的表现尽管重要,却不能以此判断未来的业绩。 至关重要的是如何取得业绩,经理人如何理解和感知风险。 在风险评价标准方面,我们希望找到能力难以估量的候选人:能够预计到经济形势前所未有的影响。 最后,我们需要全身心为伯克希尔·哈撒韦公司效力的候选人,而不仅仅把这当作一份工作。

——2011 年巴菲特致股东函

背景分析

巴菲特对投资经理人选择的慎重,很大程度上在于他见识了华尔街种种不良文化的恶果。一些对冲基金见证了普通合伙人的可怕行径,他们在上涨时获得利润,在下跌时让有限合伙人丧失此前的收益;有些普通合伙人会立即开设另一个对冲基金,套取预期利润,而不顾及过去的损失。把资金托付给这种经理人的投资者实际上成了替罪羊,而不是合伙人。

行动指南

大部分企业将绩效作为选择管理层的主要甚至是唯一指标,殊不知这样判断可能造成很大的恶果,一些经理人靠牛市吃饭,往往业绩上涨时成果喜人却不知规避风险,一旦把公司交到这样的人的手里,再遇到不景气的年份,可能就会毁于一旦。巴菲特一生唯谨慎,在"身后事"的问题上更是如此。

3月27日 市场与价值

伯克希尔·哈撒韦的经营目标是希望获得高于一般美国企业的长期投资回报率,我们愿意以合理的价格购买全部或部分具有竞争力的企业,这相当有助于我们实现上述目标。

再一次,我们不具控制权的股份投资其市值成长高于其实质经济利益的成长。举例来说,在增加的2.08亿美元市值当中,有7900万美元是来自盖可保险公司的贡献,这家公司持续表现优异,我们对该公司经营理念的实践与经营阶层的管理能力印象深刻。然而盖可保险公司在市值上的成长却远超过本身实质价值的成长,虽然后者的表现一样令人印象深刻,而当投资大众逐渐认清现实状况时,我们相信市值将会反映其真正价值。

——1982年巴菲特致股东函

背景分析

1982年伯克希尔·哈撒韦净值的增长(保险子公司持有的股票以市价计,扣除未实现资本利得的潜在税负)大约是2.08亿美元,相较于期初净值5.19亿美元,约有40%的增长。

在巴菲特接掌公司的18年内,伯克希尔·哈撒韦账面价值由原先的每股19.46美元增长到现在(1982年)的每股737.43美元,大致相当于22%年复合增长率。如果股价超过净值的增长,这是一般董事长最高兴的事,但巴菲特并不以为然,他甚至暗暗希望股价能低一些,他就可以逢低"吃股"。

行动指南

价值终将决定市值,尽管市值也经常偏离价值。

3月28日 价格战泥潭

我们不会因为想要将企业的获利数字增加一个百分点便结束比较不赚钱的事业，但同时我们也觉得只因公司非常赚钱便无条件地去支持一项完全不具前景的投资的做法更不妥当。亚当·斯密一定不赞同我的第一项见解，然而卡尔·马克思却又会反对我的第二项见解，采取中庸之道是唯一能让我感到安心的做法。

……

长久以来，我们一再面临是否该投入大量的资本支出以降低变动成本的抉择，每次提出的企划案看起来都稳赚不赔，以标准的投资报酬率来看，甚至比起我们高获利的糖果与新闻事业还要好许多。

但这预期的报酬最后都证明只是一种幻象，因为我们许多竞争者，不论是国内的还是国外的，全都勇于投入相同的资本支出，使得降低的成本被迫全数反映在售价上。在个别公司看来，每家公司的资本支出计划看起来再合理不过，但若整体观之，其效益却完全被抵消而变得很不合理，每多投入一回合，竞争者投注的金额就越高，但投资报酬却每况愈下。

——1985年巴菲特致股东函

背景分析

20世纪80年代后，全球化的经济，加上来自东欧、中国、东南亚的廉价劳动力所推动的激烈竞争，关厂绝对不仅仅是纺织业一家的前途，事实上比起美国其他产业的劳工来说，纺织业的员工薪资水准低得可怜，可是无论如何低，都无法与中国竞争。这便是巴菲特所面临的问题。

行动指南

事实上，即使在中国国内的上市公司中，那些陷入全行业盲目竞争的企业，比如纺织、家电等，又有谁的净资产收益率比较不错呢？

3月31日　坏公司的标准

　　纺织业的现状充分说明了教科书中提到的当资本密集但产品无重大差异时,生产者注定将赚取微薄的报酬,除非供给吃紧或真正短缺,只要市场产能过剩,产品价格就会随直接运营成本而非投入资金变动。　不幸的是,这样的情况正是目前纺织业的常态,所以我们只能期望获取稍微合理的投资回报即可。

——1978 年巴菲特致股东函

背景分析

　　"资本密集但产品无重大差异",请投资者务必记住这句话,好公司是各种各样的,但坏公司基本就那几种。

行动指南

　　投资者一定要趋利避害。

四月 │ 投资与投机(上)

April 4
2014 CALENDAR

MON	TUE	WED	THU	FRI	SAT	SUN
	1 初二	**2** 初三	**3** 初四	**4** 初五	**5** 清明	**6** 初七
7 初八	**8** 初九	**9** 初十	**10** 十一	**11** 十二	**12** 十三	**13** 十四
14 十五	**15** 十六	**16** 十七	**17** 十八	**18** 十九	**19** 二十	**20** 谷雨
21 廿二	**22** 廿三	**23** 廿四	**24** 廿五	**25** 廿六	**26** 廿七	**27** 廿八
28 廿九	**29** 四月大	**30** 初二				

4月1日 企业正常获利水平

　　我们从来不会想要试图去预估下个月或下一年度的股市走势,过去不会,现在也不会。 不过,现在股市投资人对于目前的持股其未来可能的投资回报实在是显得过于乐观。

　　我们认为企业获利的增长幅度,与一个国家的 GDP 增长率有一定关系,而我们估计目前 GDP 的年增长率大概只有 3％,此外再加上 2％ 的预估通货膨胀率,当然查理和我无法对 2％ 的准确作任何保证,但这至少是市场上一般的共识。

　　总有一天伯克希尔·哈撒韦会有机会将大量的资金再度投入股市,这点我们相当有信心,不过就像有首歌所唱的: "不知在何处? 不知在何时?" 当然要是有人想试着跟你解释为何现今股市会如此疯狂,请记住另一首歌: "笨蛋总是为不合理的事找理由,而聪明人则避而远之。"

——1999 年巴菲特致股东函

背景分析

　　1999 年的美国资本市场正沉浸在"网络股"泡沫中,有种观点认为,不必在乎新经济企业的赢利水平,只要看其性质是"新"还是"旧"即可。而作为传统企业如可口可乐和吉列的拥趸,巴菲特认为企业的股价还是必须与利润相当,于是他遭到了无情的嘲笑。

　　但巴菲特坚持认为,美国经济整体并没有因为网络股而突飞猛进,依然保持在 5％ 左右的 GDP 增长率,所以当投资人变得实际一点,股市将会进行一波相当大程度的修正,尤其是投机气氛特别重的那些网络股。

行动指南

　　格雷厄姆有个很有意思的说法,他认为股市里唯一的规律是股价终归会回归到与价值匹配的程度。巴菲特在面对华尔街说他已经过时的讥讽时,也只是淡淡回应:"我相信总有一天人们会考虑实际问题。"

　　因此,你也永远不要忘记,时不时考虑一下"实际问题"。

4月2日 树丛无效率理论

范围过大通常会导致结论模棱两可,而且估计越保守所得出的价格相较价值越低,也就是树丛最终出现鸟儿的数量(我们姑且把这个现象称为树丛无效率理论)。可以确定的是,投资人除了必须对一家企业的经营有一定的了解外,还要有能力独立思考以获取立论坚实的肯定结论。 除此之外,投资人不需其他什么大道理或歪理论。

另一个极端,有很多时候,即使是最聪明的投资人也没有办法提出小鸟确实会出现的证据,即使是在最宽松的假设下仍是如此,这种不确定性在检验新事业或是快速变化的产业时尤其明显。 在这种状况下,任何资金的投入都难逃投机的嫌疑。

如今投机主义——亦即不管资产真实的价值,只看下一个人会用多少价格买进的观念——事实上不但不违法,也不算不道德,甚至不能说是非美国式,但也绝非查理和我愿意玩的游戏,既然我们两手空空参加派对,我们又如何期望能从派对中满载而归呢?

——2000 年巴菲特致股东函

背景分析

所谓"小鸟"与"树丛",正是《伊索寓言》中"二鸟在林,不如一鸟在手"的比喻。巴菲特用此来说明"网络股泡沫"中的一种流行投资理论的荒谬:只要一个企业被幻想未来有无穷的获利能力,它就有了所谓的"市梦率"。

行动指南

生活经验告诉我们,描绘梦幻未来者多半不可靠,尤其是两种人:股票承销商和政府官员。不信你去看看 2007 年下半年的中国,都是谁在吹十年大牛市的?

4月3日 分析指标

我们看企业，不看股票。 同一个指标对不同企业来说意义不同。 这些年来我们理解了某种类型的企业，我们不会去分析我们不知道的企业。 对美国银行的投资的确是在浴室里作出的，但我投资不是因为浴室，而是因为50年前我看过的一本书，以及这么多年对美国银行的跟踪。 2011年，当有很多人做空美国银行，它有很多传言时，我想投资美国银行对我们都有帮助。 我会看这家企业在10~15年后会怎么样，会看今天的价格，然后看它们之间的差别。

你要把事情做好一定要喜欢它，如果你喜欢它就有巨大的优势，会让你的生产力提高。 我喜欢伯克希尔·哈撒韦，它的投资，它拥有的企业。 你没法把得分和比赛分开。 如果伯克希尔·哈撒韦一分钱没有给我，我一股都没有，我对伯克希尔·哈撒韦的感情也不会变化。 我喜欢我做的事情。 仅仅因为我们做事的方式不一样，并不意味着我们失去了激情。 过去40年是这样，希望未来10年还是这样。

——2013年巴菲特在伯克希尔·哈撒韦公司股东大会上的发言

背景分析

2013年伯克希尔·哈撒韦公司股东大会上，有人质疑巴菲特最近开始选股"不认真"，举例说他几十年前投资美国运通要做很多调研，而2011年投资美国银行的决定仅仅是在浴室里思考出来的，并问他用什么"指标"来衡量企业。

对此，巴菲特表达了自己的看法，他强调热爱和了解是他作出决定的出发点，数学指标则不是。当然他也承认需要一些财务指标来帮助了解一家公司的长期竞争优势。

行动指南

用历史的眼光看巴菲特的投资生涯，你会明白，他投资美国运通时自身的能力和人脉库都不太足够，所以自然要调研得很细致；而当他投资美国银行时，自身的积累早已与之前不一样了，他在1小时内的思维结论可能是一个普通人需要花几个月时间才能获得的。

投资是一个复利的积累过程，不仅仅指财富规模，也包括思维能力。

4月4日 投资需要耐性

我们认为,这种看法也适用于一般的股市,尽管股市连续三年下跌,相对大大增加了投资股票的吸引力,但我们还是很难找到真正能够引起我们兴趣的投资标的,这可谓是先前"网络股泡沫"所遗留下来的后遗症。 然而很不幸,狂欢之后所带来的宿醉截至目前仍然尚未完全消退。

查理和我现在对于股票退避三舍的态度并非天生如此,事实上我们非常喜欢投资股票。 只不过,除非是我们发现至少可以获得税前 10% 报酬的概率相当高时(在扣除企业所得税后,净得 6.5% ~ 7% 的报酬),否则我们宁可在一旁观望,虽然必须忍受短期闲置资金不到 1% 的税后报酬,但成功的投资本来就必须要有耐性。

——2002 年巴菲特致股东函

背景分析

抄底了"网络股泡沫"破灭的短暂低点后,美国凭借房地产市场的火爆再次点燃了泡沫的火焰。这次巴菲特又等了 6 年,直到 2008 年"金融海啸"肆虐之后才开始抄底华尔街。

行动指南

"金融海啸"前,包括雷曼兄弟在内的数家投行邀请巴菲特来"治病救人",他都拒绝了。最后,他等到别人死得差不多了,出来"收尸"。有时候我们自以为很有耐性,其实还是急性子。

4月7日 并购标准

与其他并购方不同,伯克希尔·哈撒韦根本没有"退出策略",我们买入只是为了长期持有。 不过,我们的确有一个进入策略,我们在美国及国际市场上寻找符合我们的 6 个标准,并且价格合理、能够提供合理回报的目标企业。

20多年来,巴菲特收购企业的标准始终没有任何变化,他从不会为收购而收购。对于不符合标准的公司,他从来不会降格以求,这一点最终保证了巴菲特收购的公司都具有持续稳定的赢利能力,所有收购的优秀企业合在一起,保证了伯克希尔·哈撒韦公司整体上长期稳定的赢利能力。 只有方向不变,才能保证我们始终朝着正确的目标前进。

对于我们是否对收购感兴趣,我们可以承诺完全保密并且非常迅速地作出回答——通常在5分钟之内。

——2005年巴菲特致股东函

背景分析

这一年,伯克希尔·哈撒韦下属的地毯制造商 Shaw 投资5亿美元进行了两起并购,以促进业务链垂直整合,进一步提升其毛利率。XTRA(一家运输设备生产商)和克莱顿房屋公司(Clayton Homes)也进行了价值提升的并购。

行动指南

不改变的原则才叫原则,有这样的原则才叫投资,否则就是投机。

4月8日 部分和全部

我们以折扣的方式买进这家最优良公司的部分股权,相较之下,你可能必须以溢价的方式才能买到一整家表现平庸的公司,更何况先不考量不确定性,没有人可以用打折的方式自行成立一家新事业。

当然仅有少数的股权,代表我们无权去指挥或影响 Safeco 公司的经营决策,但我们为什么要那样做? 过去的记录表明他们运营管理的绩效比我们自己经营还要好,虽然闲坐一旁看别人表现难免有点无趣且伤自尊,但我们认为这本来就是被动参与某些优秀的经营阶层所必须牺牲的,因为就算有人有幸取得 Safeco 公司的控制权,最好的方式还是坐在一旁让现有管理阶层自由发挥。

——1978年巴菲特致股东函

背景分析

1978 年,伯克希尔·哈撒韦旗下保险公司持有 953750 股的 Safeco 公司股票,该公司是当时全美最优秀的大型产物意外险公司,它的核保能力无与伦比,它的损失准备提列相当保守,而它的投资策略也相当合理。

巴菲特认为,Safeco 公司的保险事业运营绩效远优于伯克希尔·哈撒韦,同时也远优于他可以通过协议买下具控制权的任何一家公司,然而伯克希尔·哈撒韦仍然可以用远低于其账面价值的价格买到这些股票。

行动指南

巴菲特的老师格雷厄姆教给他的一个重要观点就是:不论你买入多少股股票,都可以视为买入一家公司的部分或全部,必须以整体眼光看局部,才能准确地估出它的价值。

4月9日 加宽护城河

每一天,通过无数种方式,我们下属每一家企业的竞争地位要么变得更强,要么变得更弱。 如果我们让客户更加愉悦、消除不必要的成本支出、改善我们的产品和服务,我们的竞争力就会更强。 但如果我们对待客户时冷淡或者容忍不必要的费用成本不断上升,那么我们的竞争力就会减弱。 就每一天而言,我们行为的影响之小难以察觉,但天长日久所累积的影响之大却难以估计。

由于这些几乎毫不显眼的行为导致我们的长期竞争地位得到改善,我们称之为"加宽护城河"。 这些行为对于我们想要打造 10 年,甚至 20 年以后的企业至关重要。 当然我们总是想短期内赚到更多的钱,但当短期目标与长期目标冲突时,"加宽护城河"应该优先考虑。 如果一个公司管理层作出糟糕的决策以实现短期盈利目标,并因此置成本、客户满意度、品牌吸引力于不顾,那么以后再出色的努力也难以弥补由此造成的损害。

——2005 年巴菲特致股东函

背景分析

巴菲特将可口可乐和吉列两家公司作为拥有持续竞争优势的超级企业城堡的典范："可口可乐与吉列近年来也确实在继续增加其全球市场的占有率，品牌的巨大吸引力、产品的出众特质与销售渠道的强大实力使得它们拥有超强的竞争力，就像是在它们的经济城堡周围形成了一条护城河。相比之下，一般的公司每天都在没有任何保障的情况下浴血奋战。"

行动指南

巴菲特为什么敢长期持有一些企业的股票？这并不是盲目的行为，而是因为经过精挑细选他找到了拥有"宽阔护城河"的"城堡"。

4月10日 集中持股风险小

查理和我很早以前便明白，在一个人的投资生涯中，作出上百个小一点的投资决策是件很辛苦的事，这种想法随着伯克希尔·哈撒韦资金规模的日益扩大而越发明显。 放眼投资世界，可以大幅影响本公司投资成效的机会已越来越少，因此我们决定只要求在少数时候够聪明就好，而不是每回都要非常聪明。 我们现在只要求每年出现一次好的投资主意就可以了。

我们采取的这种策略排除了依照普通分散风险的教条，许多学者便会言之凿凿地说这比起一般传统的投资风险要高许多。 这点我们不敢苟同，我们相信集中持股的做法同样可以大幅降低风险，只要投资人在买进股份之前，能够加强本身对企业的认知以及对竞争能力熟悉的程度。 在这里我们对风险的定义，与一般字典里的一样，指损失或受伤的可能性。

——1993 年巴菲特致股东函

背景分析

对于企业的所有权人来说，学术界对于风险的定义实在是有点离谱，甚至有点荒谬。举例来说，根据 Beta 理论，若是有一只股票的价格相对于大盘下跌的幅度更高，其风险比原来高股价时还要高，要是哪天有人愿意以极低的价格把整家公司卖给你，你是否也会认为这样的风险太高而予以拒绝呢？

行动指南

这也就是为什么上证指数 6000 点时大家喊还要涨，1600 点时大家喊还要跌的道理，也许真的还会涨（跌），但那纯属胡喊而已，基本上所有的股市技术分析理论都在此列。

4月11日 不在乎历史股价

在评估风险时，Beta 理论学者根本就不屑于了解这家公司到底是在做什么，其竞争对手在干吗，或是他们到底借了多少钱来运营，他们甚至不愿意知道公司的名字，他们在乎的只是这家公司的历史股价。

相对而言，我们不太在意这家公司的历史股价，反而希望尽量得到有助于我们了解这家公司的信息。另外在我们买进股份之后，我们一点也不在意这家公司的股份在未来的一两年内是否有交易，就像是我们根本就不需要用我们持有 100％ 股权的喜斯糖果或是布朗鞋业的股票报价来证明我们的权益是否存在，同样我们也不需要持有 7％ 的可口可乐每日的股票行情。

——1993 年巴菲特致股东函

背景分析

巴菲特和格雷厄姆都反复提到，投资人应该真正评估的风险是，他们从一项投资在其预计持有的期间内所收到的税后收入加总（也包含出售股份所得），是否能够让他们保有原来投资时拥有的购买力，再加上合理的利率。以下便是投资人在作决定之前需要认真考量的：

（1）这家公司长期竞争能力可以衡量的程度；

（2）这家公司管理阶层发挥公司潜能以及有效运用现金可以衡量的程度；

（3）这家公司管理阶层将企业获得的利益确实回报给股东而非中饱私囊可以衡量的程度；

（4）买进这家企业的价格；

（5）投资人的净购买力所得，须考虑税负与通货膨胀等因素，这些是必须从投资收益总额中扣除的部分。

行动指南

上述这些标准也许很难判断，但要成为一个好的投资者，就必须学会判断。

就像著名的大法官斯图尔特（Stewart）发现他根本无法找到何谓猥亵的标准，不过他还是坚称："只要我一看到就知道是不是。"而只看历史股价在那里高抛低吸的人，就像看着后视镜往前开车一样，迟早要闯祸。

4月14日 长期投资的公平性

对合伙企业来说，合伙权益在合伙人加入或退出时必须能够以合理的方式评价和估量，才能维持公平。 同样，对于上市公司来说，唯有让公司的股价与实质价值一致，公司股东的公平性才能得以维持。 当然很明显，这样理想的情况很难一直维持，不过身为公司经理人，可以通过其政策与沟通的方式来维持这样的公平性。

当然股东持有股份的时间越长，那么伯克希尔·哈撒韦本身的表现与其投资经验就会越接近，而它买进或卖出股份时的价格相对实质价值是折价或溢价的影响程度也就越小。 这也是我们希望能够吸引具有长期投资意愿的股东加入的原因之一。 总的来说，我认为就这点而言，我们算是做得相当成功，伯克希尔·哈撒韦大概是所有美国大企业中拥有最多具长期投资观点股东的公司。

——1996年巴菲特致股东函

背景分析

1996年，伯克希尔·哈撒韦的股价约在36000美元时巴菲特认为公司的股价超越了实质价值，他认为这意味着新买入股票的股东吃亏了，而抛售出股票的老股东占便宜了,这实在不公平。当然他也不希望情况反过来。

行动指南

长期投资的另一大好处就是,能熨平这些由于股价波动带来的不公平。当然,人人都想占便宜,股市里也很少有公平的事发生。

4月15日 并购必修学分

伯克希尔·哈撒韦在并购公司时所采用的原则也是所有买家必修的学分。 买方没有理由以溢价进行并购,除非在以下特殊情况下:

相对于被并购者,并购者股价被高估;两家原本独立的企业在合并之后所赚取的利润高于原先的总和。 然而显而易见,买方通常会采取第一个理由,因为很少有公司会公开承认自己的股价被高估,而贪得无厌的买家,以比印钞票还快的速度印股票的这群人,最后却不得不默认自己的股价确实被高估,通常他们玩的是华尔街版的连锁信游戏。

虽然有些合并案确实可以发挥综合效益,但通常买家所付出的代价过高,而且通常成本节省与营收增加的预期效益最后都会成一场空。 不过有一点可以确定的是,不管这个并购案多么不合理,只要老板有强烈的意愿,其内部的同僚与外部的专家顾问都能够提出一份看似合理的评估报告来支持其立场,只有在童话中才有人敢大胆地告诉国王他没有穿衣服。

——1997 年巴菲特致股东函

背景分析

巴菲特在并购中坚持的一大原则就是:如果伯克希尔·哈撒韦提供被并购者任何的溢价,必须符合以下两项条件的其中之一:要么是相对于对方,伯克希尔·哈撒韦的股价被高估;要么是两家公司合并后,所赚得的利益高于两者独立运营时的利益。

但是他同时认为:伯克希尔·哈撒韦的股价很少被高估,实在很难再找到其他股价相对被低估的公司;至于另外一个可能性,也就是所谓的合并综效,通常都很不切实际,因为加入伯克希尔·哈撒韦不代表营收能够自动增加或成本就能够自动减少。

故伯克希尔·哈撒韦永不溢价收购。

行动指南

股价泡沫时仍在狂喊自己的企业有投资价值,这样的人管理的企业千万不可买。

4月16日 关于泡沫

目前市场参与者对一些长期而言明显不可能产生太高价值或根本就没有任何价值的公司给予极高的市值评价,而投资人依然被持续飙涨的股价所迷惑,不顾一切地将资金蜂拥投入到这类企业,引发不合理的股价预期而与其本身应有的价值明显脱钩。

伴随着这种不切实际的境况而来的,还有一种荒唐的说法叫做"价值创造"。我们承认过去数十年来,许多新创事业确实为这个世界创造出了许多价值,而且这种情况还会继续发生,但我们打死也不相信,那些终其一生不赚钱,甚至是亏钱的企业能够创造出什么价值,它们根本就是摧毁价值,不管在这期间它们的市值曾经有多高。

在这些案例中,真正产生的只是财富移转的效应,而且通常都是大规模的。部分可耻的不肖商人利用根本就没有半只鸟的树丛,从社会大众(这其中也包括他们自己的朋友与亲人)的口袋中骗走大笔的金钱。事实证明泡沫市场创造出泡沫公司,这是一种赚走投资人手中的钱而不是帮投资人赚钱的幌子。通常这些幕后推手的最终目标不是让公司赚钱,而是让公司上市挂牌,说穿了这只不过是老式连锁信骗局的现代版,而靠手续费维生的券商就成了专门送信的邮差帮凶。

——2000年巴菲特致股东函

背景分析

这实在是针对泡沫的最经典的评论了。在2000年的"网络股泡沫"中,一份调查公司的报告显示,当投资人被问到自己预期未来十年内的年均投资报酬有多少时,答案是平均19%!也就是说,人人都觉得自己的大脑长得跟"股神"一样!

行动指南

"投机这玩意儿看似简单，其实暗潮汹涌。"——千万记住这句话，这是走向投资者之路的最佳起点。

4月17日　"金融海啸"源头

许多人声称衍生性金融商品交易可以有效降低系统风险，通过这类交易让原本无法承担特定风险的人可以将风险移转到他人身上。这些人相信衍生性金融商品成为稳定经济的力量、让商业交易得以遂行，同时降低个别参与者的变量。

然而查理和我本人认为，从总体经济的角度来看，这是相当危险的，而且风险更有日益加重的趋势。大量的风险，尤其是信用风险，目前已逐渐累积在少数几家衍生性金融商品交易商身上，而且彼此的交易更是相当频繁，这使得一家公司在发生问题后，将很快地传染给其他公司，到最后这些交易商将积欠非交易商的交易对方巨额欠款。而这些交易对方，由于彼此关系过于紧密，将导致一个单一事件就能让它们同时出现问题（比如说电信产业的崩溃或者民间电力事业的价值大幅减少等），关联度过高——在问题浮现时，便有可能引发系统性的风险。

就像是1998年大量从事高杠杆操作衍生性金融商品的避险基金——长期资本管理公司（LTCM）就搞得大家焦头烂额，最后使得美联储不得不火速施出紧急援助。

——2002年巴菲特致股东函

背景分析

LTCM的故事长而有趣，它几乎可以说是金融行业里最梦幻的团队，也是最大的笑话，更是当前肆虐全球的金融衍生品危机的鼻祖。

LTCM得到了美联储的秘密救助，在当时是非常冒天下之大不韪的，完全是因为主事者害怕类似的事件会发生在其他金融机构身上，进而引发多米诺骨牌效应，但是那次成功的救助也留下了部分假象，即金融衍生品危机并不可怕，完全可以控制。于是，今天人们看到了一场"金融海啸"。

行动指南

当一个事物的核心本质出现问题时,无论政策制定者多么偏袒它们,抑或它们拥有多么强大的管理团队与资金背景,最终都难逃厄运。

这就是价值规律无情的一面。作为投资者,任何时候都要谨记在心,不要因为任何理由而动摇。

4月18日 核心投资策略

人们买股票,根据第二天早上股票价格的跌涨,决定他们的投资是否正确,这简直是扯淡。 正如格雷厄姆所说的,你要买的是企业的一部分生意。 这是格雷厄姆教给我的最基本、最核心的策略。 你买的不是股票,你买的是一部分企业生意。 企业好,你的投资就好,只要你的买入价格不是太离谱。

我们只买自己谙熟的生意,在座的每个人都懂可口可乐的生意;但我却敢说,没人能看懂一些新兴互联网公司。 我在今年的伯克希尔·哈撒韦股东大会上讲过,如果我在商学院任教,期末考试的题目就是评估互联网公司的价值,如果有人给我一个具体的估价,我会当场晕倒的。 我自己是不知道如何估值的,但是人们每天都在做!

如果你这么做是为了竞技比赛,还可以理解,但你是在投资,投资是投入一定的钱,确保将来能以恰当的幅度赚进更多的钱。 所以你务必要晓得自己在做什么,务必要深入懂得你投资的生意。 你会懂一些生意模式,但绝不是全部。

——1998年巴菲特在佛罗里达大学商学院的演讲

背景分析

这就是核心的投资策略所在。你要买你看得懂的生意,就是这么简单。你买的不是那整日里上下起伏的股票标记,你买的是公司的一部分生意。自从巴菲特开始这么考虑问题后,一切都豁然开朗了。

行动指南

投资就是只做你懂的事情，投资买的是公司的一部分生意。

4月21日 不因为便宜而买

当我手里有很多现金的时候，我就很容易犯错误，查理让我去酒吧转转，不要总留在办公室里。但是我一有闲钱，又总在办公室里，我想我是够愚蠢的，这种事时有发生。

于是，我买了美国航空的股票（巴菲特在这笔交易中几乎损失了全部的投资，3.6亿美元）。看上去我们的投资要打水漂了，而且我们的投资也确实几乎全打了水漂。我因为价钱非常诱人而买了那些股票，但是那绝不是个诱人的行业。我对所罗门兄弟（著名的投行）的股票犯了同样的错误，股票本身价廉诱人没错，但那应该是杜绝涉足的行业。

——1998年巴菲特在佛罗里达大学商学院的演讲

背景分析

这是一种极易犯错的模式：你因为价格便宜而买入某只股票，但其实你对交易公司所处的行业根本不感兴趣。

这个错误会有多严重呢？巴菲特曾举例子说：当我只有1万美元的时候，我投资了2000美元在汽修厂，而且肉包子打狗，那笔机会成本高达60亿美元。

行动指南

通常我们会在很多投资者口中听到这样的话：这只股票已经跌到两元钱了，还能跌到哪里？这种思维其实是忽略了机会成本的严重谬误，它的代价要视你本来可以用这笔资金买入多少日后赚了大钱的股票而定。当然你也可能买入了亏损严重的股票，那只能证明你根本不适合买入任何股票，包括那只两元钱的。

4月22日 无视宏观形势

我不关心宏观经济形势。 在投资领域,你最希望做到的应该是搞清楚那些重要的,并且是可以搞懂的东西。 对那些既不重要又难以搞懂的东西,你忘了它们就对了。 你所讲的,可能是重要的,但是难以拎清。 我们从未因对宏观经济的感觉来买或者不买任何一家公司。 我们根本就不读那些预估利率、企业利润的文章,因为那些预估真的是无关痛痒。

假想格林斯潘在我一边,鲁宾在我另一边,即使他们都悄悄地告诉我未来12个月他们的每一步举措,我也是无动于衷的,而且这也不会对我做的任何事情有一丝一毫的影响。

——1998年巴菲特在佛罗里达大学商学院的演讲

背景分析

巴菲特经常逆宏观形势而动。比如他在1972年买了喜斯糖果,可那之后不久政府实施了价格管制,股价狂跌,但他继续买进,不为所动。最后这个生意给了他大赚头,因为伯克希尔·哈撒韦只花了2500万美元,而喜斯糖果现如今税前利润高达6000万美元!

行动指南

几乎每份投行报告的开头都是关于宏观经济形势的回顾与展望,你在阅读的时候尽可以略过这些部分。

4月23日 稳定获利

我们的投资组合还是没有多大变动,我们打盹时赚的钱比起醒着时多很多。

按兵不动对我们来说是一个明智的行为,就像是我们或其他经理人不可能因为谣传美联储可能调整贴放利率或是华尔街那帮土匪大幅改变他们对股市前景的看法,就决定把旗下高获利的金母鸡卖来卖去一样,我们也不会对拥有部分所有权的好公司股票任意出脱。 投资上市公司股票的秘诀与取得百分之百子公司的方法没有什么两样,都是希望能够以合理的价格取得拥有绝佳竞争优势与德才兼备的经理人,也因此大家真正应该关注的是这些特质是否有任何改变。

只要执行得当,运用这种投资策略的投资人到最后会发现,少数几家公司的股份将会占他投资组合的一大部分,这就好像一个人买下一群极具潜力的大学明星篮球队员20%的未来权益,其中有一小部分球员可能进到 NBA 打球,那么投资人会发现因此从中收取的权利金将会占其收入的绝大部分。

——1996 年巴菲特致股东函

背景分析

不管是研究买下整家公司还是股票投资,巴菲特都偏爱变化不大的公司与产业,原因很简单,他希望买到的公司是能够持续拥有竞争优势达 10 年或 20 年以上者,变迁快速的产业环境或许可能让人一夕之间大发利市,但却无法提供他想要的稳定性。

行动指南

长期投资者最关注的应该是获利的确定性和稳定性,连拉多少个涨停的事情连想都不想。

4月24日 胜算颇大才冒险

有时我们的资金不一定能够找到最理想的去处——也就是经营良好、价码合理的企业,这时我们就会将资金投入到一些期间较短但品质不错的投资工具上。 虽然我们很明白这种做法可能无法像我们买进好公司那样稳健地获利,甚至在少数情况下有可能赔大钱,不过总的来说我们相信赚钱的概率还是远高于赔钱,唯一的关键在于其获利何时能够实现。

当然,不把现金好好地摆着而拿去投资零息债券不是没有风险的,这种基于总体经济分析的投资绝对不敢保证百分之百能够成功,不过查理和我绝对会运用我们最佳的判断能力,大家可不是请我们来闲着没事干,当我们认为胜算颇大时,我们就会大胆地去做一些异于往常的举动。

——1997 年巴菲特致股东函

背景分析

1997 年巴菲特不同寻常地参与了三起非针对企业股权的投资。首先是 1400 万桶的原油期货合约,这是他在 1994—1995 年间所建立 4570 万桶原油的剩余仓位,当初他之所以会建立这些部位,主要考量当时的石油期货价位有些被低估。

第二项是白银,1997 年他一口气买进总共 1.112 亿盎司的白银,以市价计算,在1997 年总共贡献了 9740 万美元的税前利益。巴菲特曾长期追踪贵金属的基本面,只是没有买进动作,直到最近这几年,银条的存货突然大幅下滑,至于一般人较注意的通货膨胀预期则不在巴菲特计算价值的范围之内。

最后一项是 46 亿美元以账面摊销长期的美国零息债券,这些债券不支付利息,相反是以通过折价发行的方式回馈给债券特有人,也因此这类债券的价格会因市场利率变动而大幅波动。如果利率下跌,投资人就可能因此大赚一笔,因为 1997 年的利率大幅下滑,所以光是 1997 年伯克希尔·哈撒韦未实现的利益就高达 5.98 亿美元。

行动指南

适当的冒险也是投资所必需的,但前提是你得计算好自己的获胜概率。

4 月 25 日　遵纪守法

虽然伯克希尔·哈撒韦投资所罗门兄弟的最终成果到目前仍未定案,所幸目前的情况比我两年前的预期要好得多。 回顾过去,我觉得投资所罗门兄弟的经验令人感到刺激有趣,同时又具教化意义,虽然我在 1991—1992 年间的感觉就好像是一个戏迷曾写道的:“要是坐到一个不幸的位子,我就可能好好地欣赏表演,因为它正对着台上。”

——1997 年巴菲特致股东函

背景分析

所罗门兄弟这个投资公司真是令"股神"狼狈不堪,因为违规操作惹怒了美国证监会和司法部,巴菲特作为董事长甚至平生第一次耻辱地接受了司法聆讯。不过1997年所罗门兄弟决定并入旅行家集团的举动,终于让长久以来饱受苦难的股东获得了股价上的回报。

行动指南

虽然赚了钱,但巴菲特一再强调这样的经历不应该有第二次。投资者的确是应该尽量远离那些不爱遵纪守法的公司。

4月28日 保密原则

在现在这个社会,大型的投资机会相当稀少且弥足珍贵,除非法令特别要求,否则我们不可能向潜在的竞争对手透露我们的动向,就像我们也不可能期待对手告诉我们他的想法一样。 同样我们也不期待媒体能够揭露他们独家采访得到的并购消息,就像一个记者不可能向他的同业透露他正在努力追踪的独家新闻一样。

——1987年巴菲特致股东函

背景分析

1987年巴菲特遇到一件不愉快的事情,那就是几家堪称权威的媒体一直在猜测伯克希尔·哈撒韦买进的投资标的。巴菲特总是对此保持沉默,他认为古有名训:遇到整桶整桶买墨水的人,最好不要跟他发生争吵。

行动指南

真正的"股神"是唯恐别人知悉自己的投资标的,而那些经常打开账户(也不知是真是假的账户)向电视台记者炫耀自己如何神奇的所谓"中国股神",多半另有不可告人的目的。

4月29日 最坏的情况下得到合理的结果

我们坚持一项政策,那就是不管是举债或是其他任何方面,我们希望能够在最坏的情况下得到合理的结果,而不是预期在乐观的情况下得到很好的利益。

只要是好公司或是好的投资决策,不靠投资杠杆,最后还是能够得到令人满意的结果的。 因此我们认为,为了一点额外的报酬,将重要的东西(也包含政策制定者与员工福祉)暴露在不必要的风险之下是相当愚蠢且不合适的。

当然,我们不会畏惧借贷(我们还不至于认为借钱是万恶不赦的),我们还是愿意在估计不会损及伯克希尔·哈撒韦利益的最坏情况下进行举债,至于这个限度在哪里,我们就必须评估自身的实力。 伯克希尔·哈撒韦的获利来自许多不同且扎实的产业,这些产业通常不需要额外的大量投资,负债的部分也相当健全,同时我们还保有大量的流动资产。

——1987 年巴菲特致股东函

背景分析

当时,伯克希尔·哈撒韦发行了两期债券,总共金额是 2.5 亿美元,到期日皆为 2018 年,并且会从 1999 年开始慢慢分期由偿债基金赎回,包含发行成本在内,平均的资金成本约在 10% 上下。

尽管如此,巴菲特还是认为如无必要尽量不要发债。

行动指南

"最坏的情况下得到合理的结果,而不是预期在乐观的情况下得到很好的利益。"这正是巴菲特对于风险的清醒认识。与此相对的是,很多投资者都在从事截然相反的事:在最乐观的预期下仅能获得合理的结果,而对最坏的情况他们根本没有考虑过。

4月30日 负债与资产的平衡艺术

我们的举债政策还有一个特点值得说明:不像其他公司,我们比较希望能够预先准备而不是事后补救。 一家公司若能够同时管好资产负债表的两侧,就会有不错的成绩,这代表一方面要能够将资产的报酬率提高,另一方面要能够将负债的资金成本降低,若是两边都能碰巧兼顾那就太好了。

不过事实告诉我们,通常情况正好相反。 当资金吃紧时,代表负债的成本上升,这正是对外并购的最好时机,因为便宜的资金有时会将竞标的资产飙到天价。 我们的结论是,在举债方面的动作,有时应该要跟购置资产方面的动作分开做。

当然何谓吃紧,何谓便宜的资金,很难有一个清楚的界线。 我们无法去预测利率的走向,所以我们随时保持开放的心态,随机在市场还没有那么悲观时借钱,期望之后可以找到合适的并购或投资标的,而通常如同我们先前所提到的,大概是会在股市情况悲观时出现。 我们一个基本的原则就是,如果你想要猎捕那种罕见且移动迅速的大象,那么你的枪支就要随时准备上膛了。

——1987年巴菲特致股东函

背景分析

这种先准备资金,之后再买进扩张的政策,虽然会对投资者短期间的盈余造成影响,但只要能在稍后的资金紧缺时期找到合适的投资标的,就能值回票价。以伯克希尔·哈撒韦为例,之前取得10%成本的2.5亿美元,在前一两年大概只能赚得6.5%的收益,但最后巴菲特将这笔钱投资于可口可乐等企业,获得了数倍的回报。

行动指南

在通货膨胀时,也就是资金链宽裕、市场流动性强的情形下,以较低的利率和难度去借债;待通货紧缩,也就是人人都觉得钱很珍贵的时候才出手购买资产,就是所谓"别人恐惧我贪婪"的最佳写照。这是巴菲特的成名绝技,也是一种近乎于艺术的投资之道。

五月 │ 投资与投机(下)

MON	TUE	WED	THU	FRI	SAT	SUN
			1 劳动节	**2** 初四	**3** 初五	**4** 青年节
5 立夏	**6** 初八	**7** 初九	**8** 初十	**9** 十一	**10** 十二	**11** 十三
12 十四	**13** 十五	**14** 十六	**15** 十七	**16** 十八	**17** 十九	**18** 二十
19 廿一	**20** 廿二	**21** 小满	**22** 廿四	**23** 廿五	**24** 廿六	**25** 廿七
26 廿八	**27** 廿九	**28** 三十	**29** 五月小	**30** 初二	**31** 初三	

5月1日 CEO 的理财能力

当我们控制一家公司,我们便有分配资金与资源的权力;相较之下,若是部分股权投资,则完全没有说话的余地。这点非常重要,因为大部分的公司经营者并不擅长做资金分配。这并不让人诧异,因为大部分的老板之所以能够成功是靠着他们在营销、生产、工程、行政管理方面的专长。

而一旦成为 CEO 之后,他们必须马上面临许多新的责任与挑战,包括要做资金分配的决策,这是一项他们以前从未面对过的艰巨而重要的任务。打个比方,这就好像是一位深具天分的音乐家,没有安排他到卡内基音乐厅演奏,反却而任命他为美联储主席一样。

——1987 年巴菲特致股东函

背景分析

CEO 缺少资金分配的能力可不是一件小事,一家公司若是每年保留 10% 的盈余在公司的话,经过十年后他所要掌管的资金等于增加了 60%。某些认识到自己缺少这方面能力的 CEO(当然也有很多不这样认为),会转向部属、管理顾问或是投资银行家寻求建议,但大多数情况下并不能解决问题,反而是让问题变得更严重。

行动指南

只会埋头抓生产的 CEO 对公司并非好事,智慧型的管理者应该是个理财高手。从中国内地 A 股市场上看,有这样 CEO 的公司就很少,大多数公司往往在有余钱的时候乱投资,在资金链紧张的时候又束手无策。

5月2日 在灾难中发财!

这些衍生品均由我本人负责,它们主要包括两种类型,但都属于和保险相似的投资活动,即我们为他人承担极力避免的风险而收取费用,在这些交易中我们采用的决策机制也与保险业务相似。 此外我们在缔结这些合同时预先收费,因此不会面临对手风险。 这点相当重要。

……

关于这些合约的情况,我向大家披露如下:在 2010 年下半年,我们解除了 8 个原定于 2021—2028 年间到期的合约,因此支付了 4.25 亿美元,而原来因这些合约收取的费用是 6.47 亿美元。 这意味着我们获得了 2.22 亿美元净盈利,同时在三年内无息、无限制地使用了 6.47 亿美元资金。

——2011 年巴菲特致股东函

背景分析

在 2008 年年度报告中,伯克希尔·哈撒韦持有 251 个金融衍生品合约(包括那些用于旗下公司运营的合约,比如中美能源公司),现在这一数字是 203 个。

第一类衍生品主要是缔结于 2004—2008 年间的合约,它们要求:如果某些高利率债权的发行公司到期无法清偿,伯克希尔·哈撒韦将给予赔付。伯克希尔·哈撒韦从这些合约中总共收取了 34 亿美元费用,后来由于金融恐慌和严重的经济衰退,一些公司未能如期清偿债务,为此赔付了 25 亿美元。在这些合约期间,伯克希尔·哈撒韦还得以使用平均达 20 亿美元的无息流通资金。

第二类衍生品则是所谓的“认沽期权”,为美国、英国、欧洲和日本的希望避免股价暴跌风险的投资者提供保险,这些合约与各种股价指数挂钩。在 2004—2008 年间缔结了 47 项此类合约,收取了 48 亿美元费用,这些合约期限大多是 15 年。这部分合约使伯克希尔·哈撒韦获得了 2.22 亿美元净盈利!

行动指南

是的,你没看错! 在别人倾家荡产的金融危机中,巴菲特靠衍生品合约,前后稳赚了 20 多亿美元,还拿到几十亿美元长达好几年的无偿使用权来低价收购被“金融海啸”吞没的公司!

假如说,巴菲特的前半生是耀眼的投资者,那他的后半生,尽管低调了很多,却在做着难度更高更炫目的事。

5月5日 "霹雳猫"的风险

我预估的波动主要是反映在我们即将成为真正超大型意外灾害保单(又称"霹雳猫")承保人的事实之上。 这些灾害有可能是飓风、风暴或地震,这类保单的购买者大多是接受一般保险业者分散风险的再保险公司。 由于这些保险公司自身也要分散或是卸下部分单一重大灾害的风险,而它们主要是希望在发生若干重大的意外后,在一片混乱之中还能有可以依靠的对象,所以在选择投保对象时首先看重的就是财务实力,而这正是我们最主要的竞争优势。

......

我们有三点必须要强调:(1)我们预期"霹雳猫"的业务长期来讲,假设以十年为期,应该可以获得令人满意的结果,当然我们也知道在这其中的某些年度业绩可能会很惨;(2)我们这样的预期并非基于客观的判断,对于这样的保险业务,历史的资料对于我们在作定价决策时并没有太大的参考价值;(3)虽然我们准备签下大量的"霹雳猫"保单,但有一个很重要的前提就是价格必须要能够与所承担的风险相当。 事实上,过去几年市场价格有点低得离谱,这使得大部分的参与者都被用担架抬离场。

——1990 年巴菲特致股东函

背景分析

典型的"霹雳猫"合约相当复杂,以一个最简单的例子来说,伯克希尔·哈撒韦可能签下一年期的 1000 万美元的保单,其中规定再保险公司在灾害造成以下两种状况时才有可能得到理赔:再保险公司的损失超过一定的门槛;整个保险业界的总损失超过一定的门槛。只是通常在第二个条件符合时,第一个条件也会达到标准。

行动指南

为一般人所不敢为。巴菲特并非如有些人误解的那样是个保守型的投资者,敢冒风险并且善于计算风险和收益的比例才是成功之道。

5月6日 保险业务的四准则

实际上,健康发展的保险业务需要四条准则:

(1)明白所有的风险敞口都可能造成损失;

(2)保守地估计任何风险敞口实际造成损失的可能性;

(3)保费金额的确定要确保利润,包括未来的损失成本和运营费用在内;

(4)如果不能获得合理的保费就放弃这项业务。

许多保险公司通过了前三条准则的考验,却在第四条碰了壁。华尔街的急功近利,机构和经纪人带来的压力,或者是雄心勃勃的首席执行官不肯让业务规模缩水,导致许多保险公司以低价承揽业务。

————2012年巴菲特致股东函

背景分析

财产保险公司通常预收保险费,后付赔偿金。这种先收钱后赔钱的模式让伯克希尔·哈撒韦持有大量流动资金用于投资。但实际上多年的保险业激烈竞争已经让大部分公司难以从承保本身获得利润。比如说,全美最大的保险公司 State Farm,在过去十年里亏损金额超过了 200 亿美元。

伯克希尔·哈撒韦则连续八年获得保险利润,在此期间的盈利总计达到 170 亿美元,同时提供了超过 400 亿美元的流动资金供巴菲特投资。

行动指南

放弃不确定的业务是巴菲特一生的准则,从买股票到保险,从不"搏一记"。

5月7日 "价值投资"是废话

我们希望投资的对象:是我们所了解的,具有长期的远景,由德才兼备的人所经营,有非常吸引人的合理价格。 但考量目前市场的情况与公司的资金规模,我们现在决定将"非常吸引人的价格"改成"吸引人的价格"。

或许你又会问,那么到底应该如何确定价格够不够吸引人呢? 在回答这个问题时,大部分分析师通常都会选择两种看起来对立的方法——"价值法"与"成长法",事实上有许多投资专家会将这两种方法交替使用,就像是轮流换穿衣物一样。

我们觉得这种观念似是而非(我个人必须承认,好几年前我也是采用这种方法),基本上我们认为这两种方法本为一体,在计算一家公司的价值时,成长当然是一个很重要的因素,这个变量将会使所计算出来的价值从很小到极大,但其造成的影响有可能是正面的,也有可能是负面的。 此外,我们也认为所谓的"价值投资"根本就是废话,若是所投入的资金不是为了追求、换取相对应的价值的话,那还算是投资吗? 明明知道所付出的成本已经高出其所应有的价值,仍寄希望在短期之内可以用更高的价格卖出根本就是投机的行为。

——1992 年巴菲特致股东函

背景分析

"价值投资"通常指投资人以较低的市净率或市盈率买进投资标的。很不幸的是,就算是具备以上所有的特点,投资人还是很难确保所买到的投资标的确有此价值,从而确信他的投资是依照取得企业价值的多寡在进行的。

行动指南

价值和成长都是动态的,而太多的投资人都以静态的眼光和偏执的心态来观察这些数据,故会得出离谱的结论。

5月8日 没有目标价

我们在购买企业时从来不预先确定一个目标价。 比如,如果我们的买入价是 30 美元,当股价到达 40 美元、50 美元、60 美元或 100 美元时,我们就卖,诸如此类。 但我们现在不再如此行事。 当我们花 2500 万美元买私有公司喜斯糖果时,我们没有

"如果有人出 5000 万美元我们就卖"的计划。 那不是一个考量生意的正确方式。我们考量生意的方式是,随着时间的推移,买下的企业是否会带来越来越多的利润。如果对这个问题的回答是肯定的,那么其他任何问题都是多余的。

——1998 年巴菲特在佛罗里达大学商学院的演讲

背景分析

巴菲特的价值分析采用"未来自由现金流贴现"模型,故此若企业长期现金流稳定增长,而且增长率高于贴现率,则几乎不会遭遇估值尽头,也就不会到达必须出手的边际。

行动指南

有兴趣的投资者亦可尝试这个估值模型,但需要注意的是如何测定准确的长期增长率以及贴现率,差之毫厘则谬以千里。

5月9日 不凑热闹

看到 1988 年如此丰硕的套利成果,你可能会觉得我们应该继续在这方面努力,但事实上我们决定采取观望的态度。

一个好的理由是我们决定大幅提高在长期股权方面的投资,所以目前的现金水位已经下降。 常常读我们年报的人可能都知道,我们的决定不是基于短期股市的表现,而是注重个别企业的长期经济展望;我们从来没有、以后也不会对短期股市、利率或企业活动作任何的评论。

——1988 年巴菲特致股东函

背景分析

巴菲特总是在市场最火热的时候冷眼旁观,1988 年的套利市场空前壮观,但赚了一大笔钱的巴菲特却决定退出,转而投资气氛冷清的股市。

行动指南

总是对"热门股"抱有怀疑态度是理性投资者防范风险的利器。

5月12日 安全投资

在约翰·伯尔·威廉斯①(John Burr Williams)50年前所写的投资价值理论当中，便已提出计算价值的公式，我把它浓缩列示如下：今天任何股票、债券或是企业的价值，都将取决于其未来年度剩余年限的现金流入与流出以一个适当的利率加以折现后所得的期望值。

……

今天先不管价格多少，最值得拥有的企业是那种在较长时间内可以将大笔的资金运用到相当高报酬的投资上的；最不值得拥有的企业是那种跟前面那个例子完全相反的、在较长时间内将大笔的资金运用到相当低报酬的投资之上的。不幸的是，第一类企业可遇不可求，大部分拥有高报酬的企业都不需要太多的资金，这类企业的股东通常会因为公司发放大量的股利或是买回自家公司的股份而大大受惠。

——1992年巴菲特致股东函

背景分析

这段话解释的就是前面我们讲到的"未来自由现金流贴现"的估值模型。

虽然评估股权投资的数学计算式并不难，但是即使是一个经验老练、聪明过人的分析师，在估计未来年度票息时也很容易发生错误。巴菲特试图以两种方法来解决这个问题：首先他试着坚守在自认为了解的产业之上，其次在买股票时必须要坚持安全边际；若是计算出来的价值只比其价格高一点，巴菲特不会考虑买进。

---

① 约翰·伯尔·威廉斯是挑战经济学家对金融市场是"赌场"观点及资本定价定向的先锋之一。他认为金融资产的价格反映了该资产的"内在价值"，其可以用资产来预期股利现金流的折现价来表示。——编者注

行动指南

投资者要稳妥地获利就必须坚持以上两个安全原则,决不要听信谣言贸然行事。

5月13日 太大了

早期,查理和我曾规避资本集中的产业,例如公共事业。 截至目前,最好的投资依然是那些投入少、回报高的企业。 幸运的是我们拥有一批这样的企业,而且还想拥有更多。

不过,伴随伯克希尔·哈撒韦日益强大,我们目前有意投资大资本运营企业。 我们认为,伴随投资数额增长,这样的企业更容易取得合理的回报。 如果我们的预期正确,我们相信伯克希尔·哈撒韦将如虎添翼,在未来几十年中虽不能取得巨额收益,但是应该可以超过平均水平。

——2010年巴菲特致股东函

背景分析

巴菲特一向对需要资本投入的行业唯恐避之不及,事实也证明他是对的。 不过,在收购中美能源公司后,该公司的所有盈利都被投入扩大再生产,伯灵顿北方圣菲铁路公司状况也差不多。

巴菲特对此的解释是公司大到一定程度必须如此。

行动指南

某种程度上说,巴菲特开始走向了"红顶商人",他对金融危机后的市场注入流动性,对公用事业的热衷,改变了以往他赤裸裸为利润活着的形象,也让伯克希尔·哈撒韦公司成为美国政府的好伙伴,这个社会投资的长远效果会在未来不断释放出来。

当企业大到一定程度,就不能将自己仅仅作为一家企业看待,这对国内那些做大了依然不重视食品卫生、环境保护以及人文关怀的企业来说,是个重大的启示。

5月14日 行业属性

过去几年,我们一再提到买进那些具有转机题材的产业令人大失所望的结果,这些年我们大约接触了数百家这样的公司,最后不管真正投入与否,我们都持续追踪其后续发展。 在比较过预期以及实际的表现后,我们的结论是,除了少数的例外,当一个赫赫有名的经营者遇到一个逐渐没落的夕阳产业时,往往是后者占了上风。

盖可保险或许是一个例外,自 1976 年从几乎破产的边缘东山再起,经营阶层杰克·伯恩(Jack Byrne)上任第一天起的优异表现,正是它能获得重生的最大因素。 当然即使身陷财务与经营危机当中,盖可保险仍享有其最重要的产业竞争优势也是重要因素。 身处于广大市场中(汽车保险),盖可保险不同于大部分营销组织僵化的同业,它一直以来将自己定位为低运营成本公司,所以能够在为客户创造价值的同时,也为自己赚进大把钞票,几十年来都是如此,而即使它在 20 世纪 70 年代中期发生危机,也从未减损其在此方面的经济竞争优势。

——1980 年巴菲特致股东函

背景分析

盖可保险的问题与 1964 年美国运通公司所爆发的色拉油丑闻事件①类似,两家公司皆为一时之选,一时的打击并未毁掉其原本的经济基础,就像是一个身体健壮的人得了局部可切除的肿瘤,只要遇到一位经验丰富的医生,就能化险为夷。

相比之下,纺织业就麻烦得多,无论巴菲特怎么动脑筋,伯克希尔·哈撒韦纺织厂最终还是关闭了,可见在巴菲特四大好公司特征中,好的行业属性是最重要的。

---

① 20 世纪 60 年代,美国运通公司发生色拉油库存融资诈骗丑闻。当时,运通公司签发了一份能证明一大批色拉油存在的库存收据,但实际上这批色拉油并不存在。丑闻爆发后,美国运通公司不仅面临巨额索赔,股价更是应声跌了一半。当时的巴菲特合伙公司花了 1400 万美元购买了运通公司 5% 的股份。后来,伯克希尔·哈撒韦公司又在 30 年的时间内陆续投资了 14 亿美元,累计购买了运通公司 10% 的股份。这笔投资给巴菲特带来了巨额收益,是巴菲特较为得意的投资之一。——编者注

行动指南

行业远远重于题材,长期来看这是一个投资真谛。

5月15日 "蟾蜍"如何变"王子"?

有两类情况的并购是会成功的:

第一类是你买到的是那种特别能够适应通货膨胀的公司,通常它们又具备了两种特征:一是很容易去调涨价格且不怕失去市场占有率或销售量;二是只要增加少量额外的资本支出,便可以使营业额大幅增加。

第二类是那些经营奇才,他们具有洞悉少数裹着"蟾蜍"外衣的"王子"的能力,并且有能力让它们脱去伪装。

……

我们曾以划算的价钱买下不少"蟾蜍",过去的报告多已提及,很明显,我们的"吻"表现平平。我们也遇到过几个王子级的公司,但是早在我们买下时他们就已是"王子"了,当然至少我们的"吻"没让他们变回"蟾蜍",而最后我们偶尔也曾成功地以蟾蜍般的价格买到部分王子级公司的股票。

——1981年巴菲特致股东函

背景分析

巴菲特其实是以"蟾蜍"价买过不少"王子"的,当然这种机会并不多。重要的是,不仅要买下王子级的公司,还要买得足够多,并且有足够的耐心等待"蟾蜍"变"王子"。

还有一点也不简单,那就是要认识并重用那位"王子",比如汤姆·墨菲——巴菲特曾无数次说过想把女儿嫁给他。

行动指南

对一般投资者而言,假如没有办法以"蟾蜍"价买进"王子",那就以"王子"价买进"王子"好了,等而下之的是以"蟾蜍"价买进蟾蜍",最不幸的做法当然是以"王子"价买进"蟾蜍"。

5月16日　知错必改

　　我们也发现很容易从市场买到一些由有能力且正直的人所经营的公司股票,而事实上我们也从未打算自己去经营这些公司,但我们的确想要借由投资这些公司而获利。 我们也预期这些公司的未分配盈余(在扣除所得税后)将会100％回馈给伯克希尔·哈撒韦及其股东;当然若最后没有,可能是出了以下几种差错:我们所选择的经营阶层有问题、公司的前景有问题、我们付出的价格有问题。

——1981年巴菲特致股东函

背景分析

　　事实上,巴菲特不论在买进具控制权或不具控制权的股权时,皆曾犯了许多错误,其中以第二类误判的情况最常见。例如,1980年巴菲特就曾看好铝业发展的前景,后来其观点陆续有些小调整,但最后的结果却与最初的预测截然不同。

行动指南

　　投资设想总是在不停修正中的,犯了错误不要紧,关键是要勇于改正。

5月19日　远离投机客

　　我们有一个目标是希望伯克希尔·哈撒韦的股价能与其本身拥有的实质价值成正相关(请注意是合理的正相关而非完全一致,因为如果一般绩优公司的股价远低于其真正价值,伯克希尔·哈撒韦也很难免除在外),而一个公司要维持合理的股价跟其背后的股东有很大关系。

　　若公司的股东与潜在的买家主要都是基于非理性或情绪性而投资该公司股票,则公司股票便会不时出现很离谱的价格。 躁郁的人格会导致躁郁的价格,这种性格甚至有助于我们买卖其他公司的股票,但我们尽量避免这种情况跟伯克希尔·哈撒韦沾上边,而这将会对身为股东的你我有利。

……

我们尽量避免那些会招来短期投机客的举动,而采取那些会吸引长线价值型投资者的政策,就像你在布满这种类型投资者的股票市场中买进伯克希尔·哈撒韦的股票,你也可以在相同的市场中卖出,我们尽量维持这种理想的状态。

——1983 年巴菲特致股东函

背景分析

任何人都可买任何股票,没有任何公司可依智力、情绪稳定度、道德感或衣着品味来筛选股东,所以"股东优生学"基本上是一项不可能的任务。不过,巴菲特却偏偏要挑战这个不可能,他是如此厌恶投机客!

行动指南

投资与投机是如此泾渭分明,假如你选择当一名投资者,那么就请忘记一切投机的诱惑吧。

5月20日 盈余价值

资金的配置对于企业与投资管理来说是相当重要的一环,因此我们认为经理人与所有权人应该好好想想在什么情况下,将盈余保留或加以分配会对股东最有利。

首先要了解的是,并非所有的盈余都会产生同样的效果,在许多企业尤其是那些资本密集(资产/获利比例高)的公司,通货膨胀往往使得账面盈余变成人为的假象。这种受限制的盈余往往无法被当作真正的股利来发放,而必须加以保留再投资以维持原有的经济实质。 万一要是勉强发放,将会使得公司在以下几方面失去竞争力:维持原有销售数量的能力,维持其长期竞争优势,维持其原有财务实力。 所以不论其股利发放比率是如何保守,一家公司要是长此以往将注定面临淘汰,除非你一再注入更多资金。

——1984 年巴菲特致股东函

背景分析

巴菲特极度重视企业对盈余的使用。他一直挂在口头上的话就是：要使1美元保留盈余产生至少1美元的价值，这样资金才不算被滥用。故而他从来不让纺织企业的盈余再投入纺织业中，但却把伯克希尔·哈撒韦产生的每美元盈余都保留下来投资股票或其他金融资产。即使这样，他仍然确认：当有一天伯克希尔·哈撒韦的规模大到无法再高速增长时，将把盈余发放给股东。

行动指南

实际上我们观察一家企业的盈余使用是否科学时，主要看两个财务指标就基本能了解一个大概，一是每股资本公积，二是净资产收益率。若前者大幅增长而次年在负债率大致不变的情况下后者又能不下降甚至上升，那么这家便是基本能用好盈余的企业。

5月21日 市场稳定器

我个人偏好期望公司股价的表现尽量与其企业自身价值接近，唯有维持这种关系，所有公司的股东在其拥有所有权的期间才能与公司共存共荣。 股价巨幅的波动无法使整体的股东受惠，到头来所有股东的获利总和必定与公司的获利一致，但公司的股价长时间偏离实质价值（不管是高估或低估）都将使得企业的获利不平均地分配到各个股东之间，而其结果好坏完全取决于每个股东的运气与EQ（情商）。

或许你会认为法人机构、拥有高薪的职员和经验丰富的专业人员会成为金融市场稳定与理性的力量，那你就大错特错了；那些法人持股比重较大且持续受关注的股票，其股价通常都不合理。

——1985年巴菲特致股东函

背景分析

长期以来，伯克希尔·哈撒韦本身的市场价值与实质价值一直存在着一种稳定的关系,这是在所有上市公司中少见的,这都要归功于伯克希尔·哈撒韦的股东大多很理性、专注,并以投资为导向。但市场上的大部分股东却是以炒作为导向的,甚至那些法人股东也是以操纵市场为导向。

行动指南

如果你去浏览一些网上的股民论坛,通常会发现大量股民都盼望自己购买的股票"有庄"。这实在是不合理的思维模式,难道他们希望有个资金、技术、信息等各方面都有巨大优势的"庄"来侵吞掉自己的财富吗? 抑或认为自己就是那个幸运儿,非但没被"庄"玩死反而能发财?

5月22日 商誉战胜通货膨胀

我把内布拉斯加家具店、喜斯糖果与《水牛城新闻报》摆在一起谈,是因为我认为这几家企业的竞争优势、弱点与产业前景跟我一年前报告的一样,一点都没有改变。 简短的叙述不代表它们在我们公司的重要性有丝毫的减损。 1985年合计税前净利为7200万美元,在15年前还未买下它们之前,此数字为800万美元。

公司运用少数额外资金便能大幅提高获利能力的原因在于通货膨胀时代品牌商誉所能发挥的魔力,这些公司的特性使得我们可以将它们所赚到的盈余用在别的用途之上。 然而一般的美国企业就不是这么一回事,想要大幅提高获利往往要再投入大量的资金,平均要每投入5美元才能增加1美元的获利,等于要额外投入3亿美元,才能达到我们这三家公司的获利水准。

——1985年巴菲特致股东函

背景分析

从800万美元到7200万美元,要得出这个结论,首先你必须确定基期没有被低估,还要考虑所投入的资金以及增加盈余所需再投入的资金。如果必须再投入,你应该要更进一步搞清楚,到底需要再投入多少资金。

关于这几点,这三家公司完全经得起考验,虽然增加了6000多万美元盈余,但其额外投入的资本却不过只有 4000 万美元而已。

行动指南

这三家公司用一块钱产生了一块五毛钱的盈利,这就是巴菲特认为它们值得永远持有的原因。

5月23日 莫以善小而不为

大家不必看得太认真,因为我们持股部分比较大的投资,往往要持有很长一段时间,所以我们的投资绩效依据的是这些被投资公司在这段期间的经营表现,而不是特定时期的股票价格,就像我们认为买下一家公司却只关心它的短期状况是件很傻的事;同样,持有公司部分所有权——也就是股票,我们认为只关心短期盈余或者是盈余短暂的变动也不应该。

——1977 年巴菲特致股东函

背景分析

20 世纪 70 年代,巴菲特的资金量还比较小,故此股价波动对伯克希尔·哈撒韦净值的影响较大,但是他当时已经很注重长期盈余的价值了。

1977 年,伯克希尔·哈撒韦的保险事业投入的资金成本已从原先的 1.346 亿美元增长到 2.528 亿美元,保险事业因为投资而增加的净收益也由 1975 年的税前 840 万美元增长到 1977 年的 1230 万美元。1977 年年底未实现的资本利得大约 7400 万美元,而 1974 年巴菲特控制下的伯克希尔·哈撒韦刚十年时,其账上有 1700 万美元的未实现损失!

行动指南

正确的投资模式永远是正确的,不管你正在操作的是大资金还是小资金。中国古话说,莫以善小而不为,也是这个道理。

5月26日 越便宜越好

我们从不试图去买进一些短期股价预期有所表现的股票。 事实上,如果其企业的表现符合我们的预期,我们反而希望它们的股价不要太高,如此我们才有机会以更理想的价格买进更多的股权。

我们过去的经验表明,一家好公司部分所有权的价格,常常要比协议谈判买下整家要便宜许多;因此,想要拥有物美价廉的企业所有权,直接并购的方式往往不可得,还不如通过间接拥有股权的方式来达到目的。 当价格合理,我们很愿意在某些特定的公司身上持有大量的股权,这样做不是为了要取得控制权,也不是为了将来再转卖出或是进行并购,而是期望企业能有好的表现,进而转化成企业长期的价值以及丰厚的股利收入,不论是少数股权或是多数股权皆是如此。

——1977年巴菲特致股东函

背景分析

越便宜对投资越有利是格雷厄姆教给巴菲特选股的一大原则,也是巴菲特选择绩优股的重要标准。

行动指南

选择长期被低估的股票,越便宜对投资越有利。

5月27日 永续经营成果的衡量模式

就长期而言,我们认为公司纯利(包含已实现、未实现资本利得和非常损益)除以股东权益(所有投资以公平市价计算)所得的比率,是衡量永续经营成果的最佳方式,其中额外的资本利得,短期看起来或许相当特殊,但就长期而言,其对股东利益的影响与日常的营业利益并无太大差别。

——1979年巴菲特致股东函

背景分析

自 1964 年巴菲特接掌伯克希尔·哈撒韦到 1979 年,公司每股净值由 19.46 美元增长至 335.85 美元(持有股票投资以市价计),年复合增长率达 20.5%。这个比率远高于每年营业利润率的平均数,凸显保险子公司股票增值利益对于股东权益的重要性。

行动指南

巴菲特所言的这个衡量模式,简而言之即在不严重负债的情况下,净资产收益率要尽可能高。一般来说长期能在 20% 左右,就是了不起的公司了。

5月28日 公开上市股东要稳定

当然,伯克希尔·哈撒韦还是有些股东需要或是想要偶尔把他持有的股份卖掉,而我们希望能够找到合适的人以适当的价格来接手,因此试着通过我们的政策、表现与沟通,吸引真正了解我们运营、认同我们理念,并用同样的方式来对待我们的新股东。 如果我们能够持续地吸引这种类型的股东,同时让那些短视近利的投资人远离我们,相信伯克希尔·哈撒韦一定能够持续地以合理的价格交易买卖。

——1988 年巴菲特致股东函

背景分析

伯克希尔·哈撒韦的股份于 1988 年 11 月 29 日在纽约证券交易所正式挂牌,巴菲特之所以决定上市,主要是因为要降低交易成本。一般来说,在纽约证券交易所买卖之间的价差会比在柜台买卖要小得多。

行动指南

"如果不想持有一家公司十年,那就不要持有它十分钟。"这是巴菲特的名言,他甚至希望自己的股东全部都永远持股不动。

5月29日 影响长期绩效的因素

第一,我们旗下许多事业每年的获利并不受股市波动的影响,而这些企业对我们绝对或相对的影响每年也都不一样。 就早期而言,由于我们在纺织事业的报酬占我们净值相当大的部分,所以要是在这方面投资不当,我们的绩效可能会远远落后于将钱摆在标准普尔500指数相关类股之上。 不过到了最近,当我们逐渐利用投资组成一支由优秀经理人经营的优秀企业团队时,这些企业所带来的报酬通常远高于投资标准普尔500指数。

第二,我们投资证券所产生的收益与资本利得必须要负担相当重的税负,而标准普尔500指数却是以免税基础计算的。

第三点包含两个预测,查理和我都相当清楚,那就是未来十年内标准普尔500指数的表现将无法像过去十年那样好,而我们也相信以伯克希尔·哈撒韦目前资本规模越来越大的趋势,将会大大影响过去我们大幅超越指数的表现。

——1992年巴菲特致股东函

背景分析

税收问题和股市不规律的波动是谁都无法逃避的问题,但是理性投资者可以通过长期投资业绩优良的公司来熨平股市的短期波动——就像巴菲特做的那样。

行动指南

面对多变的股市,如果忍受短期变动就可以为投资者带来长期的效果,那么这种坚韧就是投资者必需的品质。

5月30日 适当注重短期盈余

我们对于长期目标的专注并不代表我们就不注重短期结果,总的来说我们早在

5～10 年前就预先规划设想,而当时的举动现在才开始慢慢地回收。 如果每次有信心的播种最后的收割结果都让人失望,农夫就应该好好地检讨原因了(不然就是农地有问题,投资人必须了解对于某些公司甚至是某些产业,根本就没有所谓的长期性策略)。

你可能会特别留心那些利用会计手法或出售资产撑高短期盈余的经理人,你也应该要特别注意那些一再延长实现目标日程,并把长期目标一直挂在嘴上的人(即使是爱丽丝一再听到母后明天再挤牛奶的说教,她最后还是忍不住坚持,总有一些应该要今天挤吧)。

——1992 年巴菲特致股东函

背景分析

巴菲特期望"短期内"公司的透视盈余每年增加 15％,1992 年伯克希尔·哈撒韦的透视盈余约为 6.04 亿美元,而到 2000 年若要以 15％的目标,透视盈余必须成长到 18 亿美元。实际上他出色地完成了这个目标。

行动指南

"股神"将 8 年作为一个投资的"短期"期限,将 15％作为一个很难达到的目标。你有必要反省一下,自己是否经常制定远远超越"股神"的宏伟目标?

六月 | 选股窍门

June *6*
2014 CALENDAR

MON	TUE	WED	THU	FRI	SAT	SUN
						1 儿童节
2 端午节	**3** 初六	**4** 初七	**5** 初八	**6** 芒种	**7** 初十	**8** 十一
9 十二	**10** 十三	**11** 十四	**12** 十五	**13** 十六	**14** 十七	**15** 十八
16 十九	**17** 二十	**18** 廿一	**19** 廿二	**20** 廿三	**21** 夏至	**22** 廿五
23 廿六 **30** 初四	**24** 廿七	**25** 廿八	**26** 廿九	**27** 六月大	**28** 初二	**29** 初三

6月2日 选股如选妻

大家想一想，多数人选股选得很差，但选妻都选得相当好。 为什么？ 因为小孩子从老爸老妈和其他人的婚姻中学到经验教训，始终认真严格选择，最后才选择到理想幸福的伴侣。 但是这些人在选股上从小到大没有受过任何教育训练，在选股上花的时间精力远远少于选择人生伴侣。

——2011年巴菲特在伯克希尔·哈撒韦公司股东大会上的发言

背景分析

有人问巴菲特为什么金融危机会一次又一次地发生。

他的解释是人类在投资上没有养成很好的习惯，尤其在青少年时期受的风险教育太少了。

行动指南

选股如选妻。尽管巴菲特自己的婚姻状况只能算马马虎虎，但鉴于他青少年时期大部分时间花在研究投资上了，这个成绩还算过得去。看来人生有得必有失。

6月3日 优势互补

讽刺的是，一家上市的再保险公司必须要同时接受股东以及外界评估其获利稳定的检验，因此盈余变动过大将会影响其债信评级与本益比。 就长期而言，这家公司或许可以获得更有利的平均报酬，但市场的现实有时却可能导致再保险公司因此犯下重大的错误，包括被迫放弃原先接下的大部分业务（业界一般称之为倒退）或放弃上门的好生意，只因为要避免这些业务或生意可能带来获利的不稳定性。

不过伯克希尔·哈撒韦却很能够接受这样的不确定性，只要就长期而言，它的预期回报能够有好的表现。 更重要的是，伯克希尔·哈撒韦可以说是资金的金库，也就是说任何盈余的剧烈变动都不会影响到我们的债信评级,因此我们有能力也有意愿签下并自留没有任何上限的再保金额。 事实上,过去十年来,我们早已运用这个优势建立起强大的巨灾保险业务。

——1998 年巴菲特致股东函

背景分析

1998 年,伯克希尔·哈撒韦完成对通用再保险公司 220 亿美金的并购案,除了拥有这家全美国最大的产物险再保险公司之外,这家公司亦拥有世界上历史最悠久的再保险公司——科隆再保险 82% 的股权(包含预计准备要买进的股份)。两家公司合起来将可接受所有保险险种的再保险,并在全世界 124 个国家设有营业点。

伯克希尔·哈撒韦与通用再保险的合作可以说是珠联璧合,因为伯克希尔·哈撒韦有充足的现金以及将保险费用于投资增值的高超技巧,而通用再保险可以给伯克希尔·哈撒韦的是营销通路、技术背景与管理技能,让伯克希尔·哈撒韦得以将原本拥有的财务优势更充分地运用到保险业的每一个层面,尤其是通用再保险与科隆再保险现在可以加速投入国际市场这块大家看好将呈现高成长的处女地。

行动指南

将好公司的优势更好地发挥,就可以将其潜在的价值最大化。

6月4日 资金成本

保险是我们最主要的本业,当然其他事业也相当重要,想要了解伯克希尔·哈撒韦,你就必须知道如何去评估一家保险公司,其中关键因素有:这个行业所能产生的浮存金数量,它的成本,最重要的是这些因素长期的展望。

……

有一点必须特别注意,因为损失成本必须仰赖估算,所以保险业者对于承保结算的成绩有相当大的伸缩空间,连带使得投资人很难正确地衡量一家保险公司真正的浮存金成本。 浮存金持续成长虽然很重要,但是取得它的成本更关键。 多年以来,我们的承保损失一直控制在相当低的限度,这代表我们浮存金的成本也非常低,有时甚至还有承保的利益,这等于是由别人付费来保管他们的钱,就像是我们1998年结算下来就有承保利益。 只不过很不幸的是,我们1999年发生了14亿美元的承保损失,这使得我们浮存金的成本一下暴增到5.8%。

——1999年巴菲特致股东函

背景分析

浮存金成本估计错误,通常是无心,但有时却是故意的,与真实的结果往往会有很大的差距。这种结果直接反映在公司的损益表上,有经验的行家通常可以经由公司的准备提列情形发现重大的错误;但对于一般投资大众来说,除了被迫接受财务报表的数字之外,别无他法。

行动指南

投资者除了关心投资标的的优劣外,还必须时刻关心自己资金的成本。

6月5日 审投企业债

投资垃圾债券跟投资股票在许多方面相当雷同,两者都需要评估价格与价值比,并在成千上万个标的中挑选出少数风险与报酬比率最佳者,当然两者在原则上也有许多明显的不同。

在投资股票时,我们预期每一笔投资都会成功,因为我们已将资金锁定在少数几家财务稳健、具备竞争优势,并由有才干和诚信兼具的经理人所经营的公司身上。 如果我们以合理的价格买进这类公司时,损失发生的概率通常非常小。

但在投资垃圾债券时,我们面对的企业体质就比较差了,这些公司通常都背负大笔的负债,同时所处产业的投资回报率都相当低。 此外管理当局的素质有时也有问题,其利益有时甚至与债权人相冲突,因此我们预期这类投资难免会出现亏损。 所幸到目前为止,我们在这部分的投资绩效还算不错。

——2002年巴菲特致股东函

背景分析

2002年,伯克希尔·哈撒韦将部分资金运用在一些不错的垃圾债券及债权投资之上,规模达83亿美元之巨。结果还不错,没有坏账,都赚了钱。

行动指南

垃圾债券一定要有高额利差(即比美国国债高出的利率部分)才能投资,但如果大家都来买这种债券,利差缩小,风险就很大了。

6月6日 以所有权人角度看问题

看过这张表的人(11个现在主要持有股票的人)或许会以为,这些股票是根据线型图、营业员的建议或是公司近期的获利预估来进行买卖。其实查理和我本人根本就不理会这些,而是以企业所有权人的角度看事情,这是非常大的区别。事实上,这正是我几十年来投资行为的精髓所在。

——2004年巴菲特致股东函

背景分析

这张表上有著名的所谓伯克希尔·哈撒韦的"四大天王"——美国运通、可口可乐、吉列及富国银行,伯克希尔·哈撒韦在这四家公司的投资金额合计38.3亿美元,分别在1988—2003年间分批买进。截至2004年年底,平均持股的时间是12.5年。

行动指南

炒股就要炒成股东,否则又如何理解企业的价值呢?

6月9日 没有"城墙"的公司不是好公司

一家真正伟大的公司必须有一条坚固持久的"城墙",保护它的高投资回报。 资本动力学决定了竞争对手会不断进攻那些高回报的商业"城堡"。 商业的历史充满了"罗马蜡烛"①,那些自我保护措施不足的公司会很快在竞争中败下阵来。

"持久"的标准,决定我们划掉了那些在某个行业中一味追求快和变的公司。 虽然资本主义的"创造性破坏"对于整个社会来讲是非常有利的,但同时也破坏了资本回报的确定性。 一条永远需要不断重建的城墙,最后根本不可能称其为"城墙"。

——2007 年巴菲特致股东函

背景分析

什么是坚固的城墙? 看看巴菲特的一些著名投资,例如成为业内成本最低者(盖可保险公司、内布拉斯加家具店)或持有一个强大的世界性品牌(可口可乐、吉列、美国运通),对于持久的成功来说至关重要。

行动指南

近些年来,"中国制造"正使得一些美国的低成本制造商优势不再,比如巴菲特投资的一些皮鞋、纺织厂商都成为败笔,但盖可保险公司这样的公司不同,因为保险有地域垄断性,而且其低成本来自低资金成本(打价格战卖便宜保单是自杀行为),家具店则主要是卖地理位置,其完全可以从中国进货。 故此在选取低成本厂商时,也要注意这种"低"是否不可动摇。

---

① 古罗马军队在野外过夜安扎设防兵营时,每个士兵都备有两根栅柱(即罗马蜡烛)用于构筑栅栏。 巴菲特在此以"罗马蜡烛"的隐喻来形容商业战争中各路资本在进入一项产业时纷纷"筑墙"保护自己,或者拆别人的"墙"以进入这个领域。 ——编者注

6月10日 长期竞争优势

如果一个公司要依靠一位超级明星来寻求伟大成就，它就不应被认为是个伟大的公司。 一个由当地著名脑外科医生领导的合伙制药企业可能会享有可观的、不断增长的利润，但这对于未来不意味着任何东西。 这家合伙企业的"城墙"将会随着医生领袖的离去而倒塌。

我们寻找的是在一个稳定行业中的长期竞争优势。 如果业绩的增长是整个经济大环境的景气带来的，很好。 但即使没有整个经济结构性的增长，一个企业仍然能够保持竞争优势，那么它就是有价值的企业。 我们需要做的只是坐享其收益，并用它来购买其他地方同类的企业即可，并没有哪种规则要求你必须把钱投回到你获得这些钱的地方。 实际上，这样做常常是错误的：真正伟大的公司，从有形资产中获得巨大收益，但永远不会把大部分的利润进行内部再投资而期望获得高额回报。

——2007年巴菲特致股东函

背景分析

巴菲特可不想要对竞争者来说很容易的生意，他想要的生意外面得有个"城墙"，居中是价值不菲的"城堡"，还要有负责的、能干的人才来管理这个"城堡"。

行动指南

有意思的是，中国最盛产"著名企业家"的是家电行业，但那是一个全行业亏损累累的行业。不是说企业家们都没能力，而是整天打仗的地方根本没人有好日子过。

6月11日 考量生意的基本原则

我没法预料到十年以后，甲骨文、莲花、微软会发展成什么样。 比尔·盖茨是我碰到过的最好的生意人，微软现在所处的位置也很好，但是我还是对它们十年后的状

113

况无从知晓。 同样,我对它们的竞争对手十年后的情形也一无所知。

虽然我不拥有口香糖公司,但是我知道十年后它们的发展会怎样。 互联网是不会改变我们嚼口香糖的方式的,事实上没什么能改变我们嚼口香糖的方式。 会有很多的(口香糖)新产品不断进入试验期,一些以失败告终。 这是事物发展的规律。

如果你给我 10 个亿,让我进入口香糖的生意,打开一个缺口,我无法做到。 这就是我考量一个生意的基本原则。 给我 10 个亿,我能对竞争对手有多少打击? 给我 100 个亿,我对全世界的可口可乐的损害会有多大? 我做不到,因为它们的生意稳如磐石。 给我些钱,让我去占领其他领域,我却总能找出办法把事情做到。

——1998 年巴菲特在佛罗里达大学商学院的演讲

背景分析

巴菲特讲过,他喜欢的股票是那种即使证券交易所从明天起关门 5 年,他依然很乐于拥有的那种。如果他买个农场,即使 5 年内不知道它的价格,但只要农场运转正常,他就很高兴。

行动指南

未来难以预测的公司是危险的,一旦投资这种企业,你就会时刻担心。

6月12日 最坚固的“城墙”

情人节是糖果销售最火的一天。 这一天,喜斯糖果的价钱已经是 11 美元一磅了,当然还有别的牌子的糖果是 6 美元一磅。 你能想象,当你在情人节的时候回家(这些都是关于喜斯糖果深入人心的一幕幕场景,你的那位接受你的礼品,由衷地感谢你,祝福接下来的一年)递给你的那位(6 元钱的糖)说“亲爱的,今年我买的是廉价货”? 这绝对行不通!

可口可乐是在全球范围内和喜悦的情绪关联在一起的。 不管你花多少钱,你想让全世界的 50 亿人更喜欢 RC 可乐(巴菲特杜撰出来的饮料牌子),那是做不到的。你可以搞些诡计,做折扣促销等,但都是无法得逞的。 这就是你要的生意,你要的

"城墙"。

——1998 年巴菲特在佛罗里达大学商学院的演讲

背景分析

最坚固的"城墙"在人们的心里是无形的,有些东西不是以价格为导向的。比如迪士尼在全世界卖的是 16.95 美元或 19.95 美元的家庭影像制品,比如爱玛仕卖的是几千元一条的围巾,但这并不妨碍它们的畅销。

行动指南

所谓品牌,就是必须能做到让人们忽视价格。国内有些人吹捧 TCL 或者四川长虹的品牌,其实它们的品牌丝毫不能将自己从价格战中拯救出来,相反还成了低价的代名词,这显然不是好的"城墙"。

6月13日 计算账面与实质价值

为了了解历史投入的账面价值与未来产出的实质价值会有怎样不同的演变,让我看看另外一种不同形式的投资——大学教育。 假设把教育成本当作是账面价值,再算得仔细一点,还要包括学生因为读书而放弃工作收入的机会成本。

首先,我们必须先估计这位毕业生在毕业后终其一生的职场生涯所能得到的收入,然后再扣除要是他没有接受这项教育原本可以得到的收入,从而我们可以得到因为这项投资他可以获得的额外收入。 当然之后还要利用一个适当的利率加以折现,得到截至毕业日的折现值,所得到的数字也就等于这场教育所能够带来的实质价值。

有些毕业生可能会发现其账面成本可能远高于计算出来的实质价值,这就代表着不值得他去接受这样的教育; 相对而言,要是接受教育所产生的实质价值远高于投入的成本,就表示这样的投资是明智的抉择。 不过不管怎样,有一点很明确,那就是实质价值的多寡跟账面投入成本一点关系也没有。

——1994 年巴菲特致股东函

背景分析

1986年年初,巴菲特买下一家叫史考特·飞兹的公司,在当时这家公司拥有22项不同的事业,包括世界百科全书、寇比吸尘器与Campbell空压机等。

伯克希尔·哈撒韦斥资3.152亿美元买下账面价值1.726亿美元的史考特·飞兹。其后经过数年经营,这家公司极为成功,以其净资产收益率而言,可以名列1993年世界500强之首。而伯克希尔·哈撒韦经过数年的摊销商誉(即收购时超过账面价值的部分),账上持有该公司的投资成本为1.482亿美元,而此时史考特·飞兹每年所赚的钱是当时的两倍。很明显,其实质价值一直都在成长,而通过溢价摊销,伯克希尔·哈撒韦账上持有的投资成本却一再向下调整。

行动指南

一般投资者当然没法去收购一家公司,但是投资的原理是一样的,我们要尽量寻找那些市值远远低于其实际价值的公司,大量买进它们的股票。

6月16日 隐藏利润

当然市值的变化起起伏伏且无法预测,更无法真正量化到底数字是多少;有时一个高价买进的错误,甚至可能把公司往后十几年盈余累积的效果都给抵消掉。 但是,只要市场回归理性,市价终究会反映公司累积盈余的能力,甚至超过买进后累积的盈余,这等于是在蛋糕上多得到一点糖霜。

我们旗下的保险事业将会持续地把资金投资在一些虽不具控制权但经营良好且保留大部分盈余的公司之上,按照这个策略,可预期的长期投资报酬率将持续大于每年账面盈余的报酬率。 而我们对此理念的坚定不移是很容易用数字来说明的,虽然只要我们愿意,把手上的股权投资出清,然后转进免税的长期债券,公司每年账面盈余马上就能净增加3000万美元,但我们从来就没想过要这么去做。

——1980年巴菲特致股东函

背景分析

在巴菲特接掌伯克希尔·哈撒韦的 16 年来,公司每股的账面净值(其中保险事业的股权投资以市价计)已由原先的 19.46 美元成长到 400.8 美元。

行动指南

正确认识你手中持有的投资标的是很重要的,也许它的实际价值远远超越表面上所看到的。

6月17日 仅了解实质价值还不够

了解实质价值,对经理人来说,其重要性与了解投资人一样。 当经理人在作资金分配的决策时——也包括决定买回股份,必须确定这些举动能够增加公司的实质价值,并尽量避免损害实质价值的举动。 这个原则看来理所当然,但是违反的情况却屡见不鲜,只要不当的决策形成,股东的权益立即就会受到伤害。

谈到企业并购,对于可能的买主来说,只专注于现在的获利情况,却不管潜在的卖方拥有不同的前景、不一样的非营业资产或不同的资本结构是一件很愚蠢的事。 在伯克希尔·哈撒韦我们不知拒绝了多少那种虽然会让短期盈余美观,但却可能损及每股实质价值的合并案或投资机会。 总之我们的方式乃效法韦恩·格雷茨基(加拿大著名冰球运动员)的建议,要紧盯小精灵的去向而不是它现在的位置,结果长期下来比运用一般的投资标准方法,我们的股东多赚了好几十亿美元。

——1994 年巴菲特致股东函

背景分析

如果只是了解价值和价格的差距并买进获取差价,那巴菲特就仅仅是格雷厄姆的翻版了。更重要的是,他还是费雪投资法的继承人,即看中企业的发展方向和赢利潜能。

行动指南

举例而言,一家企业每年可以赚 100 万元,另一家虽然只能赚 10 万元,可是每年能增长 25%,谁比较会赚钱? 要知道,后者 12 年后就将赚得近 200 万元!

6月18日 银行业投资要谨慎

银行业并不是我们的最爱,因为这个行业的特性是资产约为股权的 20 倍,这代表只要资产发生一点问题就有可能把股东权益亏光,而大银行出问题偏偏早已变成是常态而非特例。

许多情况是管理当局的疏失,就像是去年我们曾提到的系统规范——也就是经营主管会不自主地模仿其他同业的做法,不管这些做法有多愚蠢,在从事放款业务时,许多银行业者也都有旅鼠那种追随领导者的行为倾向,所以现在他们也就拥有像旅鼠一样的命运。

因为 20∶1 的比率,使得所有的优势与缺点会被放大,我们对于用便宜的价格买下经营不善的银行一点兴趣也没有;相反,我们希望能够以合理的价格买进一些经营良好的银行。

——1990 年巴菲特致股东函

背景分析

1990 年,巴菲特大举买进富国银行的股票,将持股比例增加到 10%左右,这是伯克希尔·哈撒韦可以不必向证监会申报的最高上限(因为伯克希尔·哈撒韦本身还有保险和投资业务),其中 1/6 是在 1989 年买进的,剩下的部分则是在 1990 年增加的。

行动指南

不爱投资银行的巴菲特偏偏很爱富国银行,理由就是富国银行的管理层管治有方,不做自己不懂的事情,凭常识办事,赚钱稳健而花钱节约。喜欢买银行股的朋友也可用这个标准来衡量国内的银行,不过恐怕失望会多于满意。

6月19日 传媒行业不再拥有特许能力

在去年的报告中,我曾经表示媒体事业获利能力衰退主要是反映景气的循环因素。 但在1991年发生的情况则不是那么一回事,由于零售业形态的转变加上广告与娱乐事业的多元化,曾经一度风光的媒体事业其竞争力受到严重的侵蚀。 然而在商业世界中,从后视镜所看到的景象永远比挡风玻璃的清楚,几年前几乎没有人,包括银行、股东与证券分析师在内,会不看好媒体事业的发展。

事实是,报纸、电视与杂志等媒体的行为越来越超越作为特许行业所应该做的事。

——1991年巴菲特致股东函

背景分析

现在的消费大众不断地寻找不同的信息与娱乐来源,也越来越能够接受各种不同的选择,但另一方面消费者的需求并不会随着供给的增加而变大。因此,市场被区隔开,媒体产业因而丧失了部分原有的特许能力。

行动指南

国内的传媒,目前不过是因为有垄断优势而拥有一定的定价权,但是其代价也很明确,那就是不能充分自由地竞争。按照巴菲特的理论,这个行业已经失去了投资的潜力。

6月20日 房地产业何时复苏?

房地产市场会复苏的,你应该确信这一点。 随着时间推移,房屋的数量会与家庭数量相当(此前当然应考虑容忍通常比例的空置率)。 然而,在2008年前的几年中,美国增加的房屋数量高于家庭数量。 这最终不可避免地导致我们建造了太多房屋,泡沫的猛然破裂冲击了整个经济。 这还给房地产业带来了另一个问题：在衰退初期新家庭形成的速度放缓，在 2009 年这种放缓极为明显。

这一毁灭性的供求关系式如今被逆转：每天新产生的家庭数量要多于新生房屋数量。 人们可能在不确定时期推迟购房，但最终荷尔蒙会接管一切。 在衰退期间，一些人最初的应对措施可能是"暂时同处一室"，但与对方父母同在一片屋檐下很快会失去吸引力。

我相信，一旦这种局面(房地产业复苏)发生后，那些专家将对失业率的下降速度感到惊讶。 届时他们将再度意识到一条 1776 年(注：美国建国)以来就存在的真理：美国最好的日子还在前头。

——2012 年巴菲特致股东函

背景分析

巴菲特在 2010 年就号称房地产业将在一年内复苏，实际上这并没有发生，伯克希尔·哈撒韦的 5 家房地产相关公司在 2011 年税前利润为 5.13 亿美元，与 2010 年相当，但明显低于 2006 年的 18 亿美元。

巴菲特经常说，他是一个糟糕得离谱的预言家，这次他又证明了自己的话。

行动指南

巴菲特经常预测错误，但是他神奇地活在这个市场中并一直在不断壮大，这是为什么？ 因为他是一个高明的行动者。他尽管预言房地产业会复苏，却抛售干净了相关的赌博式的衍生品业务头寸，增持的是一些能产生现金流的建筑类企业。这样他就有了一个安全垫。

大胆预测，谨慎投资，拒绝赌博，这是我们所需要学习的。

6月23日 获利能力的转变

几年以来一般人都认为，新闻、电视或是杂志产业的获利能力可以永无止境地以每年 6% 左右的速度成长，而且可以完全不必依靠额外的资金，也因此每年的折旧费用应该会与资本支出相当,而由于所需的运营资金也相当小,所以账列盈余(在扣除无形资产摊销前)几乎等于可以自由分配运用的盈余。 换句话说,拥有一家媒体事业,每年几乎可以有 6% 稳定增长的纯现金流入,同时若我们以 10% 的折现率来计算现值,等于是一次 2500 万美元的投资,每年可以贡献 100 万美元的税后净利。

现在假设条件改变,这家公司只拥有普通的获利能力,所以每年 100 万美元的获利只能上下起伏,这种"打摆子"的形式就是大部分公司的状况,而公司的获利想要有所增长,老板就必须要投入更多的资金才办得到(通常都是通过保留盈余的方式),经过我们将假设重新修正,同样以 10% 加以折现,大概可以达到 1000 万美元的价值。从结果可以看出,一项看起来不太重要的假设变动却使这家企业的价值大幅减少。

——1991 年巴菲特致股东函

背景分析

伯克希尔·哈撒韦在媒体事业上有相当大的投资,包括《水牛城新闻报》、《华盛顿邮报》与大都会 ABC 的股票投资,而这些媒体事业的价值因为前面所提到的产业所面临的形态转变而大幅滑落,不过巴菲特并不准备退出这个行业。这主要是因为这几家公司的负债率都很低,属于不用大量投入资本的公司,同时管理阶层也很让巴菲特放心。更重要的是,媒体行业虽然不再是金刚不坏,但放眼美国,也没有什么行业依然能长盛不衰了。

行动指南

不能抱着高枕无忧的态度,要与时俱进,看清大趋势。

6月24日 考虑全球化因素

我们在 1991 年做了一件大型的并购案,那就是买下布朗鞋业,这背后有一段有趣的故事。 1927 年有一位 29 岁的年轻商人——雷·赫弗南(Ray Heffernan)以 10000 美元买下这家公司,并把它搬到马萨诸塞州,从此展开了长达 62 年的事业。 等 1990 年赫弗南先生宣布退休时,布朗鞋业在美国已有三座工厂,还有一座在加拿大,每年的税前获利约有 2500 万美元。

……

布朗鞋业是北美地区工作鞋与工作靴的领导品牌,同时拥有非凡的销售毛利与资产报酬。事实上鞋子产业竞争相当激烈,在全美一年 10 亿双的采购量中,大约有 85% 是从国外进口的,而产业中大部分的制造工厂表现都乏善可陈;由于款式与型号繁多导致库存压力相当大,同时资金也绑在大笔的应收账款上。在这样的环境下,只有像弗兰克这样优秀的经理人再加上赫弗南先生所建立的这样的事业才有可能生存。

——1991 年巴菲特致股东函

背景分析

布朗鞋业是巴菲特投资事业中最重大的几个失误之一,自从 1991 年买下后,亏损的时候远远多于赢利的时候。这个故事充分证明了巴菲特的一句名言:"一匹会数数的马不是数学家。"想想看,一个雇用美国劳动力生产工作鞋并以参与工厂采购招标为主要销售模式的企业,如何能跟 20 世纪 90 年代后源源不断输入的中国鞋竞争?

行动指南

投资者必须时时更新自己的知识体系。作为中小投资者更要努力学习,站在潮头,才能持续赢利。

6月25日 避开高额退休金

查理和我在进行并购时,也会尽量避开那些潜藏高额退休金负债的公司,虽然伯克希尔·哈撒韦目前拥有超过 2000 名的员工,但在退休金这方面的问题并不严重。不过我还是必须承认,在 1982 年时我曾经差点犯下大错买下一家背有沉重退休金负债的公司,所幸后来交易因为某项我们无法控制的因素而告吹。

最近几十年来,没有一家公司的总裁会想到,有一天他必须向董事会提出这种没有上限的退休健保计划,他不需要具有专业的医学知识就知道越来越高的预期寿命以及健保支出将会把一家公司给拖垮,这种严重的后果甚至危及一些美国大企业的全球竞争力。

——1992 年巴菲特致股东函

背景分析

巴菲特幸运逃过的那家公司后来被另外一家买主买下,结果过了没多久公司便走上倒闭关门的命运,数千名员工也发现大笔的退休金承诺全部化为乌有。之所以会有这种不顾后果的行为,是因为会计原则并没有要求公司将这种潜藏的退休金负债呈现在会计账上,此举大大低估了负债,而公司的经营阶层所采取的态度就是眼不见为净。

行动指南

企业往往会有一些潜藏的负债,投资者必须警惕这些业绩地雷。

6 月 26 日 企业好时光的长短

我们必须探究几项影响企业获利的重要因素。一般来说,若企业处在产业供给过剩且为一般商品化的产品时(在整体表现、外观、售后服务等都无差异化),便极有可能发生获利警讯,当然若价格或成本在某些情况下(例如通过政府立法干预、非法勾结或国际性联合垄断如石油输出国组织)能获得控制或可稍微免除自由市场的竞争压力。

万一成本与价格是由完全竞争市场来决定,产品供过于求,客户又不在乎其所采用的产品或通路服务是由谁提供,产业则铁定会面临悲惨的下场。

……

许多产业就是无法做到差异化,有些生产者或能因具成本优势而表现杰出,然而实际上这种情况极少甚至根本就不存在,所以对大部分销售已完全商品化的公司来说,不可避免的结局便是——持续的产能过剩无法控制价格下滑导致获利不佳。

——1982 年巴菲特致股东函

背景分析

周期性行业当然也会因为产能过剩—价格暴跌—全行业毁损—产能缩减或需求增加而达到新的繁荣状态,然而不幸的是这种修正的过程却是缓慢且痛苦的。当产业好不容易面临反弹时,却又是一窝蜂全面扩张的开始,不到几年又必须面对先前的窘况。而最后决定产业长期获利情况的是供给吃紧与供给过剩年度的比率,也就是企业过好日子和坏日子的比例,显然可口可乐能连过十几年好日子,而纺织厂往往只能透一口气就陷入新的苦战。

行动指南

那些靠政府出台一项措施或者是短暂的价格反弹才能令盈利增加的公司,显然远远不如那些有定价权,从而可以在消费者反感不强烈的前提下略微提升几个点利润率的公司。

6月27日 管理绩效是很重要的价值

当我们在评判一家公司的企业价值时,我常常会问自己一个问题:"假设我有足够的资金与人才时,我愿不愿意和这家公司竞争。"结论是我宁愿和大灰熊摔跤,也不愿和B太太家族竞争,他们采购有一套,营业费用低到其竞争对手想都想不到的程度,然后再将所省下的每一分钱回馈给客人。 这是一家理想的企业,建立在为客户创造价值并转化为对所有者的经济利益的基础上。

——1983年巴菲特致股东函

背景分析

B太太于1983年出售内布拉斯加家具店给伯克希尔·哈撒韦,巴菲特对这个家族与其事业已欣赏了数十年,所以整个交易很快便敲定,但B太太并没有马上回家休息。相反,她仍继续担任公司的负责人,每周七天都待在卖场,其中销售地毯更是她的长项,一个人的业绩便足以打败其他所有零售业者。

行动指南

有时候,仅仅是管理者的个人传奇就值很多钱,因为那意味着若这个行业还算不错,其业绩就一定会因为管理绩效而不断增长。

6月30日 通货膨胀时代的礼物

多年来传统的智能(传统比较多,智能比较少)告诉我们拥有自然资源、厂房设备等有形资产的企业比较能够抵御通货膨胀(我们确实相信),但事实却并非如此,资产丰富的企业通常报酬率都不高,低到可能连应对通货膨胀所需增加的额外投资都不够,遑论继续成长、分配盈余给股东或是并购新事业。

相反,有部分企业因为拥有无形资产而有形资产较少,在通货高涨的时代因祸得福、累积了惊人的企业财富。 在这类公司中,商誉获利大幅增长,这些盈余又可用来大举并购。 这种现象在通信产业界尤其明显,这类产业无须投入大量的有形资产,企业就可以一直成长; 在通货膨胀时代,商誉有如天上掉下来的礼物。

——1983 年巴菲特致股东函

背景分析

这段话亦是对"商誉"的辅助性解读,实际上,巴菲特的企业帝国都是在以上的指导下收购进来的。这可以说是他的私房薪水。

行动指南

2007 年的中国大牛市亦是在全球大通货膨胀背景下诞生的,但是当时国人热炒那些资源型的重资产行业如钢铁、有色金属、煤炭等。事实证明,当全球不景气到来,这些资产非但不抗跌反而远远跑输大盘,真正有商誉保护的公司其实很少。

七月 ｜ 投资秘诀

July **7**
2014 CALENDAR

MON	TUE	WED	THU	FRI	SAT	SUN
	1 建党节	**2** 初六	**3** 初七	**4** 初八	**5** 初九	**6** 初十
7 小暑	**8** 十二	**9** 十三	**10** 十四	**11** 十五	**12** 十六	**13** 十七
14 十八	**15** 十九	**16** 二十	**17** 廿一	**18** 廿二	**19** 廿三	**20** 廿四
21 廿五	**22** 廿六	**23** 大暑	**24** 廿八	**25** 廿九	**26** 三十	**27** 七月小
28 初二	**29** 初三	**30** 初四	**31** 初五			

7月1日 群星闪耀

我们永恒的持股：大都会 ABC、盖可保险、《华盛顿邮报》。

在这些公司上，我们实在看不出买下并控制一家企业或是购买部分股权有什么差异，每次我们都试着买进一些长期看好的公司，目标是以合理的价格买到绩优的企业，而不是以便宜的价格买进平庸的公司。查理和我发现买到货真价实的东西才是我们真正应该做的。

......

在取得控制权或部分股权投资时，我们不但要试着去找一家好公司，同时最好是能够由品格才能兼具且为我们喜爱的管理者经营。如果是看错了人，在具控制权的情况下，我们还有机会发挥影响力来改变。事实上这种优势有点不太实际，因为更换管理阶层，就像是结束婚姻关系一样，过程是相当费时、痛苦且要看运气。

——1987 年巴菲特致股东函

背景分析

这三家公司的管理者分别是大都会 ABC 的汤姆·墨菲和丹·柏克，盖可保险的比尔·斯奈德和卢·辛普森，《华盛顿邮报》的凯·格雷厄姆和迪克·西蒙斯。巴菲特把他们有的视为女婿，有的视为自己在伯克希尔·哈撒韦的潜在接班人，有的视为一生最好的知心朋友。

行动指南

能被巴菲特列为永恒持股的公司都有一个共同点，那就是拥有极为优秀的管理团队，用俗话说就是"你办事我放心"，故投资者在观察一家公司的时候不妨把主要精力放在观察其管理层上。若是那种频繁换帅抑或人浮于事的公司，哪怕行业前景再佳也要慎重投资。

7月2日　简单投资

我们的投资组合持续保持集中、简单的风格，真正重要的投资概念通常可以用简单的话语来作说明，我们偏爱具有持续竞争力并且由德才兼备、以股东利益为导向的经理人所经营的优良企业，只要它们确实拥有这些特质，而且我们能够以合理的价格买进，则出错的概率可以说是微乎其微。

投资人必须谨记，你的投资成绩并非像奥运会跳水比赛的方式评分，难度高低并不重要；你正确地投资一家简单易懂而竞争力持续的公司所得到的回报，与你辛苦地分析一家变量不断、复杂难懂的公司可以说是不相上下。

——1994 年巴菲特致股东函

背景分析

巴菲特分别在 1967 年买进国家赔偿公司，1972 年买下喜斯糖果，1977 年买下《水牛城新闻报》，1983 年买下内布拉斯加家具店，1986 年买下史考特·飞兹，且都是趁它们难得求售时才买进，因此它们的开价也被认为可以接受。如果当时巴菲特过多关注指数和宏观经济的话，可能就不会买下了。

行动指南

投资者唯一需要关心的是公司本身，热衷于寻求指数涨跌规律的人无异于缘木求鱼。

7月3日　好上还要好

盖可保险公司成功的原因绝不仅限于低价与强势的营销，申诉的处理也要合理、快速、亲切。 这里有一个客观的数据可说明这点：在业务量居首位的纽约地区，保险主管机关最近公布盖可保险公司在 1997 年前五大汽车保险公司当中申诉比率是最低的，其比例甚至远低于其他四家同业平均数的一半。

盖可保险公司 1998 年的获利率达 6.7%，超过我们当初的预期，事实上是远高于我们所能想象的程度。 我们的成绩反映出产业间普遍存在的一种现象。 近年来，汽车意外发生的频率与程度都比以往减轻许多，因此，我们也立刻作出反应，调降 3.3% 的费率，预计在 1999 年还会降得更多。

虽然盖可保险公司的绩效数字是如此令人印象深刻，但是我们仍然还有相当大的成长空间。 没错! 盖可保险公司 1998 年的市场占有率确实大幅提升，但也只不过从 3% 增加为 3.5% 而已。

——1998 年巴菲特致股东函

背景分析

1995 年，当伯克希尔·哈撒韦还没有完全买下盖可保险公司时，该公司每年的营销预算是 3300 万美元，并有 652 名电话咨询员；到了 1998 年，公司的营销预算增加为 1.43 亿美元，电话咨询员的人数也增加至 2162 名。

但巴菲特并不担心对盖可保险公司的巨大投资，在他看来，只要现在所投入的每一块钱在未来能产生高于一块钱的效益，那么就算是花再多的钱他也开心。

行动指南

对成功的投资就要不断扩大这种优势，不要动不动就起"获利了结"的念头。

7月4日 无法复制的经济规模

就目前而言，有两项因素会影响到保单取得成本，不利的是现在每增加一通询问电话的单位成本比过去大大提高，媒体曝光率虽然增加，但询问的响应却相对减少。也就是说，在我们与竞争对手同时铆足劲加强宣传时，每家业者每段广告所贡献的询问电话也同步递减，所幸这种负面效果因为我们的成交率(每通询问电话真正成交的比率)稳定增加而减少。 总的来说，我们新保单的取得成本虽然增加，但还是远低于同业的水准。

更重要的是,我们续约保单的运营成本更是全美保险业者当中最低的,这两项极重要的竞争优势应该可以继续维持下去,别人或许可以抄袭我们的运营模式,但他们绝对没有办法复制我们的经济规模。

——1999 年巴菲特致股东函

背景分析

盖可保险公司的另一项特色是保单续约情况良好,尽管从表面上看似乎续约率有所降低,但其产品组合重心已从原先续约率本来就比较高的指定保户转成续约率普遍比较低的标准与非标准保户,这正说明盖可保险公司的市场占有率在不断扩大。

行动指南

保险公司的经营好坏,很大程度上取决于其市场占有率的高低,因为保险客户往往有从众心理。此外保险浮存金越大,可以投资获利的空间也越大。

7月7日 大环境让人无能为力

奈特捷(NetJets)的经营成果却是一个完全不同的故事。 2004 年我曾放言其业务将在 2005 年实现赢利,但我却错得一塌糊涂。

应该说明的是,我们欧洲地区的业务实现了良好增长的同时,成本也有所下降,客户合同增长了 37%。 我们是欧洲地区经营飞机部分所有权业务的唯一一家企业,目前在欧洲地区业务遍地开花的局面是奈特捷成为这一行业全球领导者的关键因素。

可是我们在美国的业务尽管客户大幅度增长却出现了严重的亏损,其经营效率下降,成本剧升。 我们相信我们三个最大的竞争对手也遭受了同样的打击,但它们都各自隶属于飞机制造商,因此它们可能并不像我们一样非常关注获得足够利润的必要性。 无论如何,这三家竞争对手管理的飞行机队的综合价值都远低于我们运作的机队价值。

——2005 年巴菲特致股东函

背景分析

巴菲特麾下的奈特捷公司是全世界最大的公务机公司,在全球范围提供最安全私密的航空旅行解决方案。奈特捷公司的部分产权拥有计划允许个人或企业花费整架飞机购置成本的一部分购买公务机的部分产权,只需提前几小时通知奈特捷公司,即可在全年随时得到服务。然而,这样一家管理优异的公司,在航空业不景气的大环境下依然未能幸免。

行动指南

在大环境不利时,投资者一定要考虑适当的退出措施,一味对抗这种恶劣环境往往会让问题更严重。

7月8日 现金牛

我们花了 2500 万美元来收购喜斯糖果,而它当时的销售额仅为 3000 万美元,税前收放还不到 500 万美元,接下来需要投入 800 万美元运营资金,但结果公司的税前资本收益率达到了 60%。 有两个因素有助于把运营所需资金控制在最低水平:首先,产品出售可以带来现金流;其次,生产和配送周期短,最大限度地缩减了库存。

去年喜斯糖果的销售额为 3.83 亿美元,税前收入为 8200 万美元,现在公司的运营成本是 400 万美元。 这意味着从 1972 年到现在,我们只花了 3200 万美元进行再投资,就完成了这种平稳的规模增长和某种意义上平稳的财务增长。

这些收入的全部,除了那 3200 万美元,全部被输送到伯克希尔·哈撒韦。 我们用税后的收益来收购其他具有吸引力的企业。 就像亚当和夏娃发明了一项产生 60 亿人口的活动,喜斯糖果为我们开辟了更多的新财源。

——2007 年巴菲特致股东函

背景分析

1972 年伯克希尔·哈撒韦旗下的蓝筹邮票公司买下喜斯糖果的时候,它的糖果年销售量为 1600 万磅;2007 年其销售了 3100 万磅,年增长率仅为 2%。然而重要的是,它的产品价格始终能战胜通货膨胀,并且提供了稳定的现金流给巴菲特。

行动指南

假若投资者拥有一个巴菲特式的公司组合,既有能提供大量现金的现金牛公司,又拥有持股待涨的高成长公司,那就意味着牛市中可以高歌猛进,熊市中也可以以分红积累资金捡便宜货,一定会事半功倍。

投资也是一种平衡的艺术。

7月9日 高投入高回报还不够好

从 4 亿美元的有形净资产上面获得 8200 万美元的税前收益,这看上去一点儿都不寒碜,但对于股东来说,这样的公司和喜斯糖果比就相差甚远了。 一个不依靠巨量资金投入就能获得持续增长的公司显然要更好一些。

……

从利润产出的大小,我们仅可以衡量一个公司是否优秀,而不能判断其是否卓越。 这种高投入高产出,是大多数公司所面临的情况。

——2007 年巴菲特致股东函

背景分析

在美国,像喜斯糖果这样的公司并不多。一般来讲,一个企业的利润从 500 万美元增至 8200 万美元,需要大约 4 亿美元的资本投入,这是因为成长中的公司不仅需要维持其销售增长的运营成本,还要有大量的固定资产投入需求。但是,喜斯糖果只用了不到 2 亿美元就做到了这点。

行动指南

"又要马儿跑又要马儿不吃草",要成为优秀投资者,就要把这句古话作为终极目标。

7月10日 捡便宜

我经常会感觉我们支付的价格太高了。但回头来看,这些伟大的企业持续保持伟大时,最初支付了一点高价就无关紧要了。

如果你能某种程度上肯定你发现一家公司有很高回报率,你很可能得支付高价格。我和查理就是这么做的,比如查理买了喜斯糖果。

在股票市场上的机会比谈判购买公司要好得多。股票市场就是拍卖,可能会出现闪电崩盘。我们喜欢买入持有,但我们更喜欢便宜的证券。

——2013年巴菲特在伯克希尔·哈撒韦公司股东大会上的发言

背景分析

进入2010年以后,随着金融危机复苏的进程,资本市场上的"便宜货"越来越少,巴菲特大规模买入的几只股票,比如伯灵顿北方圣菲铁路等都被市场认为突破了他以往的原则,就成长性和市盈率来看的话显得性价比不高。对此,巴菲特在股东大会上解答了这个问题,他认为当伯克希尔·哈撒韦规模大到一定程度后,持续赢利有现金收入的公司很重要,价格上能便宜就便宜,稍微高那么一点点也能接受。对此,他的好伙伴芒格似乎并不认同,他依然认为便宜是最重要的。

行动指南

发现伟大公司并长期持有,固然是巴菲特信徒们的终极理想,但是这种发现需要天时地利人和,一般情况下,还是"便宜至上"为佳。

7月11日 市场营销

1972年,我们买了喜斯糖果。其每年以每磅1.95美元的价格,卖出1600万磅的糖果,产生400万美元的税前利润。我们买它花了2500万美元。我和我的合伙人觉得它有一种尚未开发出来的定价魔力,每磅 1.95 美元的糖果可以很容易地以 2.25 美元的价钱卖出去。 每磅 30 美分的涨价,1600 万磅就是额外的 480 万美元,所以 2500 万美元的购买价还是划算的。

我们从未雇过咨询师,但我们知道每个加州人绝对认这个牌子的糖。 在情人节,给女孩子送喜斯糖果的糖,她们会高兴地亲它。 如果她们把糖扔在一边,爱理不理,那我们的生意就糟糕了。 我们要灌输给加州人的就是,女孩子爱亲喜斯糖果的糖。如果我们能达到这个目标,我们就可以涨价了。

——1998 年巴菲特在佛罗里达大学商学院的演讲

背景分析

伯克希尔·哈撒韦在 1972 年买的喜斯糖果,自那之后它每年都在 12 月 26 日,圣诞节后的第一天涨价。圣诞节期间它总能卖出很多糖。1998 年,喜斯糖果总共赚了6000 万美元,其中有 5500 万美元是在圣诞节前三周赚的。

行动指南

股票买卖也是一种商业买卖行为,故此好的投资者往往也必须具备商业营销能力,同时要懂一点心理学及社会学。

7月14日 优秀的商业企业

1994 年 5 月,在年度股东会过后不久,正当我在纽约第五大道与 58 街交叉路口准备过马路时,突然有一位妇人叫我的名字,我停下驻足,她提到自己很喜欢参加伯克希尔·哈撒韦的股东会。 过了一会儿,旁边一位先生听到这位妇人的谈话,也如法炮制地把我给拦下来,没想到他竟是小巴内特·赤尔兹伯格(Barnett C. Helzberg Jr.),他持有伯克希尔·哈撒韦的股票,同时也曾参加过我们的股东会。

在我们短暂的交谈之中,小巴内特表示他拥有一家我们可能会感兴趣的公司,一般情况下当人们这样说的时候,往往都是指一些茶水铺,当然搞不好也有可能会变成微软第二,所以我只是简单地请小巴内特将他的资料送给我,然后我想一切将就此结束。

不久,小巴内特果然把赫尔兹伯格钻石公司的财务报表送给我。 这家公司是在1915年由其祖父创立,当初只不过是在堪萨斯市的一家单店,然而直到我们碰面时,该公司已发展成在全美23个州拥有134家分店的集团,营业额也从1974年的1000万美元成长到1984年的5300万美元,乃至1994年的2.82亿美元,这显然不是一间茶水铺。

——1995年巴菲特致股东函

背景分析

赫尔兹伯格单店年平均营业额大约是200万美元,这个数字远比其他相同规模的竞争对手多得多,这种高生产力正是赫尔兹伯格拥有高获利的关键因素。

行动指南

对商业企业来说,单店营业额和利润够高才是关键因素,它比盲目扩张规模和数量重要得多。

7月15日 最欣赏的特质

我们在1996年进行了两桩并购案,两者皆拥有我们想要的特质——那就是绝佳的竞争优势与优秀的经理人。

第一桩并购案的对象是堪萨斯银行家保险公司,从字面上可知,这是一家专门提供银行业者保险的保险公司,在全美22个州从事相关业务,拥有相当不错的承保记录,而这全仰赖唐·陶勒(Don Towle)这位杰出经理人的努力。 唐与上百位银行家皆保持良好的关系,而且也了解他所从事业务的每一项细节,那种感觉就好像是在经营"自己"的事业一样,这种精神是伯克希尔·哈撒韦最欣赏的。

——1996年巴菲特致股东函

背景分析

巴菲特曾无数次抨击一些公司高管"为了并购而并购"的行为。在我们身边,也可以看到 A 股上市公司的很多并购或者资产注入案都只是笼统地"为了做大"而合并,我实在搞不懂,难道这些企业的头头都是做比萨饼出身的?

行动指南

并购案当然需要复杂的财务测算,但在此之上的应该是两条简单的原则:竞争优势和管理团队。

7月16日 低成本是极大的优势

盖可保险公司的成功没有任何深奥的道理,该公司的竞争优势完全拜其超低成本的经营模式所赐。 低成本意味着低售价,低售价自然能够吸引并留住优良的保险客户,而整个营业流程在满意的客户向他们的朋友推荐盖可保险公司时画下完美的句号。 靠着客户的推荐,盖可保险公司每年至少因此增加 100 万张保单,占新接业务量的半数以上,也使得我们新接业务成本大幅下降,从而又进一步降低我们的成本。

——1996 年巴菲特致股东函

背景分析

低成本不是目的,它只是达到规模经济的一架桥梁,而规模经济是提升利润的另一架桥梁。盖可保险公司永续性的成本优势是当初吸引巴菲特投资该公司的主要原因。当时整家公司的市值只有 700 万美元,而这种优势的不断强化也是吸引他在 1995 年愿意花 23 亿美元买下另外一半不属于伯克希尔·哈撒韦的股权的原因。

行动指南

价格战中的惨胜方不算拥有低成本优势,低成本的秘诀在于随着规模的扩大成本自动缩减,利润自动提升,而不是随着规模扩大,成本跟着扩大,利润不变,净资产收益率下降。

7月17日 投资的真谛

　　我们运用好几种方法来衡量盖可保险公司的表现,首先是自愿加入汽车保单数量的净增加数(也就是不包含州政府分配给我们的保单数),其次是长期汽车保单业务的获利状况,系指那些持续一年以上,已经过了初次取得成本而开始赚钱的保单。 1996年有效保单的数量增长了 10%,当时我曾告诉大家这是相当令人兴奋的一件事,因为这是 20 年来的新高。 不过到了 1997 年,保单数量的增长率又大幅跃升为 16%!

——1997 年巴菲特致股东函

背景分析

　　当然,任何一家公司都可以不顾承保品质而快速成长,而盖可保险公司的承保获利却是保费收入的 8.1%,这一数字远优于一般同业水准,该公司原先的目标是将低成本运营所得的获利回馈给客户,仅保留 4% 的获利比例。基于这样的信念,盖可保险公司将 1997 年的保险费率再度略微调降,更加巩固了成本优势。

行动指南

　　请注意巴菲特关于盖可保险公司成本优势描绘的最关键的词语:获利远高于一般同业水准——这才是投资的真谛!

7月18日 正直人格是交易必需的保证

　　就在去年年度股东会的前一个星期四,星辰家具的大股东兼总裁——梅尔文·沃尔夫(Melvyn Wolff),有意愿跟我谈谈。 于是在我们的邀约下,梅尔文光临奥马哈与我们会谈。 几天后,梅尔文与我再度在纽约碰面,前后只花了两个钟头的会谈就把整个交易敲定,而如同先前与 B 太太家族及比尔·柴尔德(Bill Child)的经验一样,我不需要再去查核租约、员工雇用合约等,我知道我正在和一位具有正直人格的人打交道,这样就足够了。

——1997 年巴菲特致股东函

背景分析

　　星辰家具虽有近百年历史,但直到梅尔文跟他姐姐雪莉在 1962 年接手经营后才有起色。正是 B 太太和比尔·柴尔德的联名推荐,才让巴菲特认为不需要对该公司进行过多审查。

　　当星辰家具正式宣布出售公司时,他们同时也公布将支付一笔大额的红利给所有帮助公司成功的人士,范围包含公司上上下下所有的员工,而根据交易的合约内容,这笔钱将由梅尔文与雪莉自掏腰包。

行动指南

　　只跟令人尊敬的正直人士做交易,是巴菲特多年来坚持的一条原则,很值得投资者借鉴。须知你若经常跟鸡鸣狗盗之徒合作,即使能暂获暴利,终有一天会被骗受损。

7月21日 花钱与省钱的原则

　　在全美相同规模(甚至更大)的报纸中,《水牛城新闻报》有两个特点:

　　第一,它在平时与假日的普及率(即订户数在该地区家户数的比率)最高;

　　第二,新闻比率(新闻版面占总版面的比率)最高。

　　事实上,一份报纸能够同时拥有这两项特色绝对不是巧合,因为新闻内容越丰富,也就越能吸引更广泛的读者,从而提高普及率。 当然,除了量之外,新闻品质也很重要,这不但代表要有好的报道与编辑,也代表要有实时性与关联性。 为了让报纸成为读者们不可或缺的东西,它必须能够马上告诉读者许多他们想要知道的事情,而不是等读者们都已知道后报纸才刊登出来。

　　如同往年,1987 年我们的新闻比率大约是 50％,若把这一比率砍到一般 40％ 的水准,一年约可省下 400 万美元的新闻成本,但我们从来都不会考虑如此做,就算哪一天我们的获利大幅缩减也是一样。 如果有一天我们必须降低新闻比率或是牺牲喜斯糖果的品质与服务以提升疲弱不振的获利表现,我们也绝不会采纳这种做法,就像我们不会因为伯克希尔·哈撒韦有太多钱以至于现金花不完,就去聘请经济分析师、公关顾问等对公司一点帮助都没有的人。

——1987年巴菲特致股东函

背景分析

《水牛城新闻报》平均每24小时出7个版本,每次内容都会更新。举一个简单的例子就足以让人感到惊奇:光是每天的讣文就会更新7次,也就是说每则新增的讣文会在报纸上连续刊登7个版。

1987年,这份报纸的经营状况并不好,其中新闻印刷成本的飞涨是主要原因,但巴菲特不认为这是缩减报纸新闻版面的好理由。

行动指南

不为了钱而降低产品品质,甚至不惜让企业亏损乃至倒闭,这才是眼光长远的做法。

7月22日 报业的问题和希望(上)

有两个原因可能让你(伯克希尔·哈撒韦的股东们)非常疑惑。

第一,我一直在致股东函和年会里向大家说,报纸行业的总体发行量、广告和利润下降没有悬念。这个预测依然有效。第二,我们买下的资产完全达不到我们要求的收购规模标准。

新闻,简单地说,就是人们不知道但却又想知道的事情。考虑及时性、方便性、可靠性、全面性和成本,人们会从实现最佳组合的渠道搜寻他们想要的新闻——对他们来说重要的新闻。这些因素的重要程度随新闻的特性和受众的需求而不同。

在没有电视和互联网以前,报纸是各种新闻的最主要信息渠道,这一事实让其成为大部分人不可或缺的产品。无论你关注国际、国内、地方事件,还是体育、财经新闻,大家订阅的报纸通常是最快的信息来源。哪怕整份报纸里只有几页满足大家的兴趣爱好,报纸里所包含的信息还是让你的订阅物超所值。 更好的是,广告商通常支付了几乎全部的刊印成本,读者只需搭个顺风车。

只要是当地唯一的一份报纸,它一定利润可观; 经营水平的好坏没有太大影响。(正如一家南部的出版社坦言: "我一生优越的地位全部归功于美国的两项制度——裙带关系和垄断。")

现在情况变了。 股价信息和全国体育节目的信息在报纸开始印刷的时候已经成了旧闻。 互联网提供了大量招聘和租房信息。 电视机随时播放政治、国内和国际新闻。 报纸在一个接一个地丢失它的阵地。 受众减少以后,广告也随之下降(招聘类广告收入——曾经报纸的重要收入——在过去的 12 年里下降超过 90%)。

即便一个有价值的产品,也会因错误的商业模式而自毁。 过去几十年,大大小小的报纸都在这件事件上犯错误。 出版者——包括伯克希尔·哈撒韦的《水牛城新闻报》——都曾在互联网上免费提供它们的报纸,同时却对纸质报纸收费。 这怎么能不导致纸质报纸发行量的大幅下降呢? 下跌的发行量,进一步降低了它对广告方的意义。 于是"恶性循环"不断重复。

——2013 年巴菲特致股东函

背景分析

过去的 15 个月里,伯克希尔·哈撒韦以 3.44 亿美元收购了 28 家日报。考虑到报业资产质量本身的下降,以及巴菲特对于企业"护城河"近乎变态的痴迷,这种行为令很多股东感到不解,甚至认为这仅仅是由于巴菲特自身对报业的怀旧式感情导致的冲动行为。

行动指南

准确地说,在巴菲特作为"管理者"而不是"投资者"的生涯中,他亲手领导并投入大量心血获得成功的,当属《水牛城新闻报》。故此,巴老对纸媒的理解可谓深入骨髓,他对该行业的反常投资和长篇理论值得认真解读。

7月23日 报业的问题和希望(下)

查理和我认为报纸在一个联系紧密的社区中提供了全面和可靠的信息,如果采取恰当的互联网策略,将会在很长时间内保持活力。 我们不认为削减内容和发行频率会带来成功。 实际上,狭窄的覆盖范围会导致狭窄的客户群。 我们的目标是让报纸充满读者感兴趣的内容,并且让觉得它有用的人支付合理的费用,无论是纸质的还是网络版。

我们的信心来源于特里·克勒格尔(Terry Kroeger)对《奥马哈世界先驱报》的卓越管理,他的团队有能力管理更多的报纸,各份报纸则会在新闻采编上保持独立。 我们的报纸当然也逃脱不了导致收入下滑的压力。 但到目前为止,我们拥有的6份小型日报2012年的收入没有下降,这是比其他大城市日报要好的成绩。 另外,我们的两份大型报纸——《水牛城新闻报》和《奥马哈世界先驱报》——收入下滑维持在3%,也优于平均水平。 在全美50个大城市圈,我们的《水牛城新闻报》和《奥马哈世界先驱报》在当地的渗透率名列前茅。

伯克希尔·哈撒韦在报纸上的现金收入将会不断下降,即便互联网策略得当也不能阻止温和的侵蚀。 至于我们的投资,我们相信这些报纸将会达到或者超过我们的收购回报标准。 至今为止的数据都证明了我们的想法。

——2013年巴菲特致股东函

背景分析

巴菲特认为报纸走向内容付费阅读是该行业走出困境的理想模式,这意味着过去的广告为主的商业模式将逐步走向没落。2013年另一位大亨——亚马逊的贝索斯也高调收购了《华盛顿邮报》。根据亚马逊现有的商业模式看,走向内容付费阅读模式也很可能是它的出路。真乃英雄所见略同。

行动指南

当巴菲特商业帝国越来越大时,收购报业以及其代表的社区影响力,也是非常值回票价的投资。

7月24日 什么才是喜斯糖果的竞争力？

糖果店是个很好玩的地方,但对大部分的老板来说就不那么有趣了。 就我们所知,这几年来除了喜斯糖果赚大钱之外,其他糖果店的经营皆相当惨淡,所以很明显喜斯糖果搭的并不是顺风车,它的表现是扎扎实实的。

这项成就当然需要优秀的产品,这个倒不是问题,因为我们确实拥有。 但除此之外, 它还需要对客户衷心的服务,查克可以说是百分之百地为客户设想,而他的态度更直接感染到公司上下所有的员工。

——1987年巴菲特致股东函

背景分析

喜斯糖果通常会定期增添新的口味并删除旧的口味以维持大约100种组合。1986年它淘汰了14种口味,结果其中有两种让老客户无法忘怀,而不断地表达他们对这种举动的不满。为此查克不但重新推出原来的口味,他还将危机化为转机,所有来信的客户都得到回复。信上是这样写的:"虽然我们作出错误的决定,但值得庆幸的是最后得以以喜剧收场。"随信还附赠了一个特别的小礼物。

行动指南

当企业管理者抱怨市场不景气的时候,他们有没有想过认真倾听客户心声并且热情沟通? 国内企业的表现如何我不作过多评论,有兴趣的读者不妨看看牛根生在"三聚氰胺危机后"写给大众的那封所谓的道歉信。

7月25日 神奇的内布拉斯加家具店

内布拉斯加家具店成功的方式与波仙珠宝店十分相近。 第一,经营成本实在是足够低,1990年相较于全美最大的家具零售商Levitz的40%与家用电器折扣量贩店

Circuit City 的 25％，内布拉斯加家具店只有 15％。 第二，也由于成本低，所以内布拉斯加家具店的产品定价就可以比竞争同业低许多。 事实上许多通路商也很清楚这一点，所以他们唯一的做法就是尽量远离奥马哈地区。 第三，便宜的价格导致销量大好，从而可以让我们备有更多别处所看不到、种类齐全的产品。

去年在家具店发生了一件重大的历史性事件，内布拉斯加家具店在去年年底决定在店内摆设喜斯糖果的糖果车，结果所卖出的糖果甚至比加州的旗舰店还要多。 这次的成功打破了所有零售业的定律，有 B 太太家族在，所有不可能的事都变成家常便饭了。

——1990 年巴菲特致股东函

背景分析

有关内布拉斯加家具店的商品魔力可以从 1990 年得梅因地区的消费者行为调查报告中看出端倪。内布拉斯加家具店在该地区 20 家家具零售商当中排名第三，这讯息乍听之下或许没什么了不得，但你要知道其他 19 家都位于得梅因。内布拉斯加家具店离该地区足足有 130 英里远，这距离代表当地居民虽然在附近有更多的选择，却还是情愿大老远开车走相当于从华盛顿到费城的距离到内布拉斯加家具店购买商品。

行动指南

实际上巴菲特最喜欢的零售企业都有一个共同点，就是善于降低成本，而要做到这一点必须保证有一个强有力的管理团队。

7月28日 短不如长

我们很喜欢买股票，不过卖股票又是另外一回事，就这点我们的步伐像是一个旅行家发现自己身处只有一个小旅馆的小镇，房间里没有电视，面对百无聊赖的长夜，突然间很兴奋地发现桌上有一本名为"在本小镇可以做的事"之类的书。 只是当他翻开书后，里面却只有短短的一句话："那就是你现在在做的事。"

——1992 年巴菲特致股东函

背景分析

巴菲特在 1992 年买了不少通用动力公司的股票。之前他其实只是想做一笔简单的套利,因为该公司宣布买回流通在外的 30％的股权。在过去几年中,伯克希尔·哈撒韦曾经做了好几次类似这样的交易,让短期投入的资金获得了相当丰厚的报酬。

之后巴菲特开始研究这家公司,没想到让他眼睛一亮,没过多久,他就把短期套利的念头抛开,决定伯克希尔·哈撒韦应该成为它的长期投资者。

行动指南

短线交易好比出去旅行,隔段时间去一次有利于身心,但若天天在外就是"漂泊"了,说难听点就是"无家可归"。长线交易则好比是温馨的家庭,尽管有时也会感到一点腻歪,但累了苦了总是第一个想到它。

7 月 29 日　不景气的媒体行业

1983 年《水牛城新闻报》约略超过原先设定的 10％的税后收益率,主要有两项原因：州的所得税因前期亏损扣抵而变得很少,每吨新闻印刷成本突然降低(不过隔年情况可能完全相反)。

《水牛城新闻报》拥有一项利器——大众对其的接受程度,即渗透率(指每天每个社区家庭购买该报的比率)。 我们的渗透率相当高,到 1983 年 9 月为止的前半年,《水牛城新闻报》高居全美 100 份最大报纸的第一位(这项排名是由流通量调查局依照城市邮政编码编撰的)。

我们认为一份报纸的渗透率是该事业强弱的一项重要指标。 对广告主而言,若一家报纸能在某一地区拥有极高渗透率,便能发挥极高的经济效益;反过来,若渗透率很低则无法吸引太多的广告主。

——1983 年巴菲特致股东函

背景分析

虽然《水牛城新闻报》的获利情况在伯克希尔·哈撒韦内部来说表现平平,但若考量到水牛城当地的经济与销售环境,这种表现却是不凡。由于重工业聚集,故经济不景气使当地的一部分经济活动受到重创,且复苏缓慢,一般民众深受其害,当地的报纸也无法幸免,发行量大幅滑落,幸存的业者被迫删减版面。

行动指南

媒体行业的衰退看来是无法避免的,绞尽脑汁的经营者也只能靠新闻纸跌价来不确定地获利。对国内的这个行业,我亦持这种观点。

7月30日　企业难题

近年来喜斯糖果遇到两个重大的难题,所幸其中至少有一个已找到解决的方法,这问题与成本有关,不过不是指原料成本。 虽然我们与竞争同业相比原料成本较高,而若这种情况相反,我们反而会不高兴。

事实上原料成本是我们无法控制的,因为不管价格如何变化,我们所使用的皆属最上等的原料,我们视产品品质为最重要的一点。 但其他成本却是我们可以控制的,不过问题却出在这上面,我们的成本(以每磅为基本单位,但不包括原料成本)增加的速度远高于一般物价水准。

我们面临的另一个问题是,我们实际售出的糖果磅数停滞不前,事实上这是这个行业遇到的普遍困难,只是过去我们的表现明显优于同业,不过现在却一样惨。 我们不确定分店与团体订购的销售量无法增加主要是受到我们的定价策略,还是经济景气/萧条,抑或是我们的市场占有率太高的影响。 不过1984年我们调涨的幅度较以往几年温和,希望明年跟各位报告的销售量能因此增加,然而我们却无任何依据能保证这种情况一定发生。

——1983年巴菲特致股东函

背景分析

20 世纪 80 年代以来,喜斯糖果平均每家分店卖出的糖果磅数实际上无多大变化。1983 年平均一家店的销售量减少了 0.8%,不过这已是 1979 年来较好的表现了,累计的降幅约达 8%,团体订购量(约占整体销售的 25%)在经过 20 世纪 70 年代成长高峰后已停滞不前。

行动指南

糖果就如同股票,价格与价值有所不同,价格是指你所付出的,而价值却是指你所得到的。巴菲特的努力正是希望破解糖果业普遍面临的困境,即增加消费者买糖果时得到的心理价值来抵消价格上的高昂。

7月31日 什么都不做最困难

最近 10 年来实在很难找得到同时能够符合我们质/量(价格与价值的差距)标准的投资标的,我们尽量避免降格以求,但你知道什么事都不做才是最困难的事(有一位英国政治家将该国 19 世纪的伟大归功于统治者的无为而治,不过后继统治者却很难真正做得到)。

……

根据去年财报,全国最大的家具零售商——Levitz 自夸其商品价格要比当地所有传统家具店便宜许多,毛利率却高达 44.4%(亦即消费者每付 100 美元所买的商品,公司的成本只要 55.6 美元),而内布拉斯加家具店的毛利却只有前者的一半,其所凭借的便是优异的效率(包括薪资、租金与广告费等成本只占营业额的 16.5%)。

——1984 年巴菲特致股东函

背景分析

1984 年是 B 太太收获的一年,这不是指她挣了多少钱,而是指她在该年度荣获纽约大学颁赠的荣誉博士学位。她是个跳级生,在她获得这个学位之前,从来没有到学校上过一天课。在她之前获颁这项殊荣的有埃克森石油总裁、花旗银行总裁、IBM 总裁与通用汽车总裁等杰出企业人士。

行动指南

投资是一件在事前下工夫的事情,若买入股票后还要天天食不知味、寝不安神地圈进抛出,那多半是失败的前兆。

八月 ｜ 逃脱风险

August
2014 CALENDAR

MON	TUE	WED	THU	FRI	SAT	SUN
				1 建军节	**2** 初七	**3** 初八
4 初九	**5** 初十	**6** 十一	**7** 立秋	**8** 十三	**9** 十四	**10** 十五
11 十六	**12** 十七	**13** 十八	**14** 十九	**15** 二十	**16** 廿一	**17** 廿二
18 廿三	**19** 廿四	**20** 廿五	**21** 廿六	**22** 廿七	**23** 处暑	**24** 廿九
25 八月大	**26** 初二	**27** 初三	**28** 初四	**29** 初五	**30** 初六	**31** 初七

8月1日　绝对安全

　　我们对债务的态度基本上就是这样。我们对于伯克希尔·哈撒韦为了并购或经营的目的而发生任何大量的债务根本不感兴趣。当然，根据传统的商业智慧，我们在财务上显得太过保守，如果我们在资产负债表中加入适当的财务杠杆，无疑能够安全地增加盈利。

　　也许如此吧。但成千上万的投资者将其很大一部分资本净值投资到伯克希尔·哈撒韦股票，公司的一个重大灾难就会成为这些投资者个人的一个重大灾难。不仅如此，对于那些我们已经向其收取15年甚至更多年份保费的人们，会造成永远无法弥补的伤害。对于这些以及其他客户，我们已经承诺，无论发生什么情况他们的投资都会绝对安全：金融恐慌、股市关闭（例如1914年拖延了很长时间的股市关闭），甚至是美国遭受核武器、化学或生物武器袭击。

——2005年巴菲特致股东函

背景分析

　　巴菲特的另一位老师费雪曾经说过："问题不在于投资还是投机，而在于过度负债。"事实就是如此，假如大家都慎用杠杆，2007年年底爆发的"次贷危机"也许就可以避免。而真正对投资者负责任的态度不是在牛市里拼命追加投资，而是谨慎地充分考虑各种系统性风险带来的影响。

行动指南

　　投资的第一要务是不要亏损，这是巴菲特的格言。但如何才能不亏损？首先就是要充分考虑风险来临时自己能否扛过去。

8月4日　正确估算成本

　　浮存金是一项我们持有但却不属于我们的资金。在保险公司的运营中，浮存金产生的原因在于保险公司在真正支付损失理赔之前,一般会先向保户收取保费,在这期间保险公司会将资金运用在其他投资上。 当然这样的好处也必须要付出代价,通常保险业者收取的保费并不足以支持最后支付出去的相关损失与费用,于是保险公司便会发生承保损失,这就是浮存金的成本。 而当一家公司取得浮存金的成本,就长期而言低于从其他渠道取得资金的成本时,它就有存在的价值;否则一旦保险事业取得浮存金的成本远高于货币市场利率时,它就像是一个极酸的柠檬。

——2000 年巴菲特致股东函

背景分析

巴菲特老谋深算,总是能够估算出最低的成本,并进行最优的运作。

行动指南

除了不要过度负债,另一个保证资金安全的做法就是正确估算成本。

8月5日 谨慎增员

业务萎缩通常会导致裁员,为了避免被炒鱿鱼,员工们通常将不当定价的原因合理化,告诉自己降价以保存组织完整是可以忍受的,如此整个营销系统都将皆大欢喜。 如果不这样做,员工们会声称,一旦景气回春,公司将无法躬逢其盛。

为了抵挡员工保住自己饭碗的天性,我们总是一再承诺国家赔偿公司的同仁不会因为业务萎缩而被裁员,国家赔偿公司不是劳力密集型公司,我们可以忍受较宽松的人力配置,但却绝对不能忍受不当的定价以及随之而来的核保纪律,因为现在不在乎核保获利的保险公司,以后也不可能会在乎。

——2004 年巴菲特致股东函

背景分析

当然,采取不裁员态度的企业一定要避免在经济/市场景气时过度征人,大都会ABC 的 CEO 汤姆·墨菲是这方面的高手,他甚至让巴菲特也彻底服了。这位老兄的口号是新增一个年薪 2 万的人力要像对待一个 300 万美元的提案般慎重,因为要考量其终身所得福利及其他开支;甚至人越多,厕纸当然也用得越凶!

行动指南

若公司高管工资惊人,福利丰厚,人浮于事,股票就应该有"负效率溢价",不幸的是中国上市公司中的大头——国有企业大多如此。

8月6日 不要盲目乐观

查理和我认为 CEO 预估公司未来成长率是相当危险且不当的,他们通常是在分析师与公关部门要求下才这样做的,但我认为他们应该要坚决抗拒,因为这样做通常会惹来许多不必要的麻烦。

CEO 自己心中有一个目标不是件坏事,甚至我们认为 CEO 公开发表个人心中的愿景是件很好的事,如果这些期望能够附带合理条件的话。 但如果一家大公司公开宣称每股盈余长期可以维持 15% 的年成长率,那肯定会招致许多不必要的麻烦。

其原因在于这种高标准只有在极少数的企业才有可能做得到。 让我们做一个简单的测试。 根据历史记录,20 世纪七八十年代 200 家盈余最高的公司当中,算算到底有几家在此之后能够继续维持 15% 的年盈余成长率。 你会发现,能够达到这个目标的公司少之又少。 我可以跟你打赌,在 2000 年获利最高的 200 家公司当中,能够在接下来的 20 年年均成长率达到 15% 的,绝对不超过 10 家。

——2000 年巴菲特致股东函

背景分析

过高的预估不但造成没有根据的乐观,麻烦的是此举还会导致 CEO 行为的腐化。很多 CEO 不专注于本业而热衷于运用一些非经济的手段来达到他们先前所做的盈余预估。更糟的是,在用尽运营上的各种手段之后,被逼得走投无路的经理人最后会运用各种会计方法无所不用其极致地做假账,著名的安然公司就是一步步走上这条邪路的。

行动指南

若经常看到一家公司宣称"我公司转产某某项目后,可望赢利能力翻几番",而其过去业绩表明它从未翻过几番,那你就把此话当成牛屎吧。

8月7日 建造方舟

去年我曾告诉各位,除非发生什么重大的灾难,否则我们浮存金的成本将由 2000 年 6%的高档往下降。 当时我心里想到的是自然天灾之类的意外,但谁也想不到的竟是 "9·11" 恐怖分子攻击事件这样的人祸。 它造成保险业有史以来最重大的损失,也让我们的浮存金成本大举飙高到 12.8%,这是自 1984 年以来最惨的纪录。

或许有人会问,为何我不在 "9·11" 事件发生之前,就提出这项警讯? 我的回答是,我确实想过这点,但可惜我并未将想法化为具体的行动。 关于这点我严重违反了诺亚的原则: "重要的不是预测暴风雨,而是要去建方舟",我等于是让伯克希尔·哈撒韦在相当危险的情况下经营,尤其是通用再保险。

——2001 年巴菲特致股东函

背景分析

保险业者往往会发现没有注意到新暴露风险的代价相当高,而若是遇到恐怖活动这种情况,更可能造成保险公司实质上的破产。这类震慑人心的灾难发生的可能性虽然很低,但绝非没有可能。

巴菲特预计,在最坏的状况下,整个保险产业将因此崩溃,只有美国政府本身有能力承受如此大的重击。如果政府不愿意积极地担下此重大责任,任由人民负担所有的风险,则只有等灾难真的发生之后,再由政府出面来收拾残局。

行动指南

对个人投资者来说,何谓建造方舟呢? 把资产的权重合理地分配,避免一旦波动就失去流动性。

8月8日 独立承担风险最牢靠

当保险业者在衡量自身再保险安排的健全性时,必须谨慎地试探整个连环所有参与者的抗压性,并深切地思考万一一件大灾难在非常困难的经济状况下发生时该如何自处。 毕竟只有在退潮时,你才能够发现到底是谁在裸泳。 在伯克希尔·哈撒韦,我们将所有的风险自留,独立承担绝不依赖他人,不论世上发生什么问题,我们的支票保证永远都能够兑现。

——2001 年巴菲特致股东函

背景分析

自从"9·11"事件发生之后,通用再保险就变得异常忙碌,在它承接且全部自留在公司账上的保单主要有:南美洲炼油厂损失超过 10 亿美元以上的 5.78 亿美元意外险,数家国际航空公司 10 亿美元恐怖分子攻击事件不得撤销第三责任险,北海原油平台 5 亿英镑恐怖分子攻击及恶意破坏的产物意外险以及超过 6 亿英镑以上业者自留或再保险损失,芝加哥西尔斯大楼恐怖分子攻击事件超过 5 亿美元以上的损失等。作为预防措施,通用再保险不再接下位于同一个大都会的办公及住宅大楼大量的意外险。

通用再保险的问题没有成为伯克希尔·哈撒韦的大危机,根本原因是伯克希尔·哈撒韦一直在账面上保持着大量现金,所以只是损失了一点钱却没有伤筋动骨。若依赖负债或担保等方式经营,伯克希尔·哈撒韦这次则很可能就全军覆没了。

行动指南

投资者建立家庭财务模型时亦要参考上述做法,投资股票的钱一定要是"闲钱",不等着用,更不能借债投资甚至是短贷长投。

8月11日 不想从头再来

　　毫无疑问,有些人通过借钱投资成为巨富,但此类操作同样可能使你一贫如洗。杠杆操作成功的时候,你的收益成倍放大,配偶觉得你很聪明,邻居也艳羡不已,但它会使人上瘾。 一旦你从中获益,就很难回到谨慎行事的老路上去。 而我们在三年级(有些人在 2008 年金融危机中)都学到,不管多大的数字一旦乘以 0 都会化为乌有。历史表明,无论操作者多么聪明,金融杠杆都很可能带来"0"。

　　对企业来说,金融杠杆也可能是致命的。 许多负债累累的公司认为债务到期时可以靠继续融资解决,这种假定通常是正常的。 可一旦企业本身或者全球信用出现危机,到期债务就必须如约清偿,届时只有现金才靠得住。

　　我和查理·芒格不会从事任何可能给伯克希尔·哈撒韦带来丝毫威胁的活动。我们俩加起来已经 167 岁,可不想"从头再来"。

——2011 年巴菲特致股东函

背景分析

　　伯克希尔·哈撒韦公司曾经承诺股东,将始终维持最少 100 亿美元的现金储备,实际上这个数字通常都高于 200 亿美元现金。这样的好处是既可以承受前所未有的保险偿付(迄今为止最大的一笔保险偿付是因卡特里娜飓风带来的,高达 30 亿美元),还能抓住收购或投资机会,在金融危机中捡便宜。

行动指南

　　巴菲特说过,信贷就像氧气,供应充沛时,人们甚至不会加以注意。而一旦氧气或信贷紧缺,那就成了头等危机。即使短暂的信贷危机也可能使企业崩溃。

　　钱多时永远想着万一钱荒了怎么办,这是维持企业长盛不衰的重要法宝。

8月12日 宏观经济风险

截至去年年底,伯克希尔·哈撒韦总计持有 214 亿美元的外汇部分,投资组合遍布 12 种外币。 去年我就曾说过,这类投资对我们来说也是头一遭,2002 年以前,伯克希尔·哈撒韦和我本人从来就没有买卖过外汇。 但越来越多的迹象显示,目前我们的贸易政策将为往后几年的汇率不断施加压力。

……

我们国家现今的贸易政策终将拖垮美元。 美元价值目前已大幅下滑,且没有任何好转的迹象。 若政策不改,外汇市场脱序的情况将不断发生,并在政治与金融上产生连锁效应,虽然没有人保证影响的层面有多广,但政治人物却不得不正视此问题的严重性。

——2004 年巴菲特致股东函

背景分析

引起"爱国"的巴菲特生平第一次投资外汇的是 2000 年的国会报告,这份厚达 318 页的贸易赤字评估报告指出,美国一年的贸易赤字达到 2630 亿美元,而 2004 年的贸易赤字却已达 6180 亿美元的历史新高。

行动指南

规律就是规律,即使美国如此强大,拥有铸币权,但最终还是为美元的贬值付出了惨痛代价。投资者要牢记的是,不能因为任何基于迷信的原因(比如某只股票的庄家如何强大或者技术图形如何完美)而忽视基本的经济规律。

8月13日 三类"储蓄账户"

现在来看看糟糕的情形。 最差的一种公司是那种发展很快,并需要大量资本投入来维持发展,但利润却少得可怜甚至根本赚不到钱的公司。 想想航空公司吧,从莱特兄弟时代起,航空公司的持续竞争力已经开始让人怀疑。 实际上,一个有远见的资本家当时如果有机会登上小鹰号,为了他的后继者们好,他应该毫不犹豫地把奥威尔打下飞机(1903 年奥威尔·莱特首次驾驶"小鹰号"试航)。

从第一架飞机诞生那天开始,航空业对资本的贪得无厌就已经注定了。 投资者把大量的钱投入到了这个无底洞,吸引他们的利润却有可能永远拿不到。 很惭愧,我也曾经做过这种傻事。

总结一下,对这三类"储蓄账户"的看法:伟大的公司支付非常可观的利息,而且会随着时间不断地增长;优秀的公司,如果你不断增加存款,其支付的利息也会很具吸引力;糟糕的公司,不但其支付的利息令人失望,你还要不断地掏钱来维持这种少得可怜的回报。

——2007 巴菲特致股东函

背景分析

1989 年,巴菲特决定购买美国航空公司的优先股。支票上的墨迹还没干,这个公司的股价就开始"螺旋式降落",股票也见不到任何分红。但伯克希尔·哈撒韦还算幸运,在 2000 年左右,航空业的乐观情绪集中爆发,伯克希尔·哈撒韦得以抛出所有的股票,而且赚得盆满钵满。

但是后继者显然很不幸,接下来的十年里,这家公司遭遇破产,而且是两次。

行动指南

若一家公司的"固定资产"总是在猛增,税后盈余分配也极少,负债率又很高,而且关键是它的收入和利润并没有随着上述因素的增加而相应增加,则一定是一家让你长期亏钱的公司。

8月14日 看透实质价值

2001 年我们在垃圾债券市场的活动较以往频繁,但我们必须强调,这类投资并不适合一般投资大众。 因为在通常情况下,这些债券正如其名,我们从来没有买过一般投资人最热衷的初次发行的垃圾债券,一旦发生违约,其损失必定惨重,有许多债券投资者最后仅能收回一小部分的资金,有的最后甚至变成壁纸,使得投资人血本无归。

尽管风险颇大,但我们不时还是可以找到少数能够引起我们兴趣的垃圾债券,截至目前,总结个人 50 多年的垃圾债券投资经验感觉还算不错。 总有一天我们会发生损失,不过偶尔买进一些问题债券也有可能让我们钓到大鱼。

——2001 年巴菲特致股东函

背景分析

巴菲特也曾长期套利垃圾债券,不过他不做自己看不懂的将债券打包再售的衍生品。

行动指南

问题不在于投资标的是否是"垃圾",而在于你是否能看透"垃圾"的真正价值。实际上,那些"次贷"都是信用评级 AAA 货,而巴菲特买进美国运通时,那倒是一家濒临破产的企业。

8 月 15 日 流动性优势

在 "霹雳猫" 保险业务中,我们主要有三项竞争优势。 首先向我们投保再保险的客户都知道我们有能力,在最糟糕的情况下也会履约付款。 因为万一真的发生什么大灾难,很难保证金融恐慌不会接踵而至,届时在其客户最需要援助时,可能连一些原本享有盛誉的再保险公司都拿不出钱来。 而我们之所以从来不将风险再转嫁出去,是因为我们对灾难发生时其他保险公司能否顺利支付赔款的能力有所保留。

我们的第二项优势是,当一件大灾害发生后,客户最迫切需要重新办理投保时,可能会发现很难再找到新保单。 在这个时候,伯克希尔·哈撒韦保证绝对可以提供任何服务,当然我们会优先受理原来与我们有长期往来的客户,这个经验已经使得全世界的保险公司与再保险公司了解与我们维持往来的必要性。

我们拥有的最后一项优势是我们能够提供别处得不到的单一最高的投保上限,保险业者都知道只要一打电话到伯克希尔·哈撒韦,就可以立即得到确定满意的答复。

——1996 年巴菲特致股东函

背景分析

伯克希尔·哈撒韦在 1996 年陆续接了好几件大业务,与全美保险签约承保佛罗里达飓风险,这是单一公司独力承受单一风险的最高纪录。接着它又与加州地震局签约承保比佛罗里达飓风高出一倍的理赔上限,但是即使在最坏的状况下,任何一件大型灾害的税后损失也不会超过 6 亿美元,大约不到伯克希尔·哈撒韦净值的 3%或市值的 1.5%。

与一般保险公司总是"把水位卡到喉咙口,一个浪头打过来就有危险"的做法不同,巴菲特总是预留大量现金和流动性高的资产在手里,这样做不仅能抗击风险,更让它获得"流动性优势",即使在全行业不景气、大家都没钱的时候也可以大举出击,抢占更大的市场份额。

行动指南

普通投资者也最好能在投资过程中保持一定的流动性,至少让捡便宜货的机会大了不少。

8月18日 百年都睡安稳觉

查理和我崇尚维持多重的流动性保障,避免任何会耗光我们现金的运营策略。这种策略将在前 99 年里降低我们的回报率,但是却可以在别人都倒下的时候,保护我们安然度过第 100 年的危机。 于是,100 年里我们都可以安心睡觉。

——2013 年巴菲特致股东函

背景分析

伯克希尔·哈撒韦决定继续削减与保险风险相关的衍生品投资组合。巴菲特给出的理由是,他不愿做抵押。因为尽管通常情况下抵押没什么问题,但一旦市场走极端,就可能片刻之间吞噬掉伯克希尔·哈撒韦堆积如山的现金。而堆积现金一向是巴菲特的长期战略。

行动指南

很多巴菲特信徒喜欢满仓,因为看到好的投资标的就觉得不买会错过机会,其实,懂得忍耐,压抑住花掉现金的冲动,才是巴菲特和无数初级价值投资者的分别。

8月19日 以价格为导向

我们完全以价格为导向(而非竞争)来决定我们的风险部分,唯有如此对股东、投资者才有意义,但同时我们也很高兴,因为这对社会也有助益。 这个原则代表我们随时准备就绪,只要市场价格合理,我们愿意随时进场承接任何产物意外险的保单,配合许多保险同业遵循的进出策略,当它们因为损失扩大、资本不足等退出市场时,我们随时可以接替。

当然,当一些同业进来杀价抢食时,虽然我们也愿意继续服务大众,但由于我们的报价高于市场价格,所以只好暂时退出观望,基本上我们扮演的是市场供需调节的角色。

——1987年巴菲特致股东函

背景分析

1987年发生的一个事件可以充分说明市场竞争对手对伯克希尔·哈撒韦的态度。在纽约有一家族经营的保险经纪公司,老板基于职业道德必须为他的客户争取到最好的权益,也就是压低保险公司的保费,所以当保险市场价格大幅滑落,他发现伯克希尔·哈撒韦的保费比起其他同业贵了许多时,他赶快把他的客户保单从伯克希尔·哈撒韦转移到别的保险公司(好多赚中介收入),接下来就是买进大量伯克希尔·哈撒韦的股票。这样假如别的公司亏钱,他就从伯克希尔·哈撒韦的股票上赚回来;如果别的公司没亏,伯克希尔·哈撒韦的股票也不见得会跌。

行动指南

很多公司在作决策的时候都不是以利润而是以市场占有率为最高目标,这很奇怪。除了微软,我们已多年没见过因为摊子铺得大就可以提高定价的公司了。

8月20日 散户战胜大户

许多评论家在观察最近所发生的事时,归纳出一个不正确的结论,他们喜欢说由于股票市场掌握在这些投资大户手上,所以小额投资人根本一点机会也没有。这种结论实在是个大错误,不管资金多寡,这样的市场有利于任何投资者,只要他能够坚持自己的投资理念。

事实上由手握重金的基金经理人所造成的市场波动,反而使得真正的投资人有更好的机会去贯彻其明智的投资行动,只要他在面临股市波动时,不会因为财务或心理因素而被迫在不当的时机出脱手中的持股,他就很难受到伤害。

——1987 年巴菲特致股东函

背景分析

在 1987 年的前后几年中,巴菲特基本上没有买进什么股票,因为股市很热闹,它们的价位过高。虽然期间一度发生“黑色星期一”崩盘,但由于很快反弹,巴菲特没来得及买进足够多的股票。

不过,他坚信那些“基金经理”会再次给予机会。

行动指南

常常有散户喜欢“跟基金”,这实在是令人啼笑皆非;你总是把脸凑在人家屁股后面,难道会呼吸到新鲜空气?

8月21日 不用会计手法掩盖问题

就长期而言,这些利用会计手法掩盖运营问题的经理人还是要面对真正的麻烦。到最后,这类经理人会变得跟许多病入膏肓的病人对医生说的一样:"我实在是承受不起另一次手术,不过你是否可以考虑把我的X光片给补一补?"

——1991年巴菲特致股东函

背景分析

会计是一门技术,也是一门艺术,如果你详细看一份报表,总能找到很多说不清的资金流向。但是当问题积累到一定程度,真相终归要暴露。

行动指南

投资者检视自己财务状况的时候也要注意,不要有意无意地掩盖自己的资金成本,让已经很严重的问题看上去很小。

8月22日 不合理的会计原则

由于债券价格下跌,而会计原则又允许保险业以摊销成本而非市价列示其账面价值,结果导致许多业者以摊销成本记录的长期债券投资金额达到其净值的两三倍之多。 换言之,只要债券价格下跌超过1/3,便很有可能把公司的净值全部吃光,这其中甚至包括好几家知名的大公司在内。 当然债券价格也有可能会回升,使其部分甚至全部的净值得以回复,但也没有人敢保证债券价格不会继续下跌。

有点吊诡的是,若持有的股票投资组合价格下跌会影响到保险业者的生存,但若换做是债券价格下跌却是一点事也没有。 保险业者所持的理由是不管现在的市价是多少,反正只要到期日前不卖出便能按照票面金额赎回,所以短期内价格的波动并无太大影响,就算是20年、30年,甚至40年后到期,只要我不卖,等时间一到,就能够按票面金额收回。 反倒是若我现在就出售这些债券,那么就算是再买进同类型价值更高的债券,也要立即认列相关损失,使得账面净值因而大幅缩水。 但真正的情况却是,业者很可能为避免认列损失而一直不敢出售债券,这样反而会错失其他更好的投资机会。

——1980 年巴菲特致股东函

背景分析

巴菲特经常批评那些不合理的会计原则,债券不需要按公允价值计量就是其中之一。正是在这种会计制度下,才有了后来的"次贷危机"的雏形(金融机构可以大量买入"两房"的债券最终导致流动性丧失殆尽)。

行动指南

不合理的游戏规则总会造成所有参与者的重大损失,千万不要存有侥幸心理。

8月25日 众人皆醉我独醒

这种选择的结果相当明确:(1)由于大部分业务都是每年更新且对价格都相当敏感,所以很多保单在到期后都会流到竞争对手那边;(2)随着保费收入的大幅缩水,相对应的负债科目也会逐渐减少(未到期保费及应付理赔款);(3)资产(债券)必须跟着出售,以应对负债的减少;(4)原先台面下未实现的损失,将被迫认列在保险业者的财务报表之上(当然要看出售的多寡)。

此种令人沮丧的动作,对于净值影响程度不一,有些公司在第三阶段的反应是出售成本与市价相当的股票,或是新进投资损失较小的债券。 出售好的投资、留下烂的部分的鸵鸟心态,短期间或许不觉得痛,但对于公司与产业长远的发展皆会产生重大的伤害。

第二种选择比较简单,那就是不管保费水准有多低,将来要赔多少钱,都照单全收以维持现有保费收入水准,然后暗地里祈祷不要发生什么重大意外,或是期待债券价格早日回升。 对于这样的做法,外界一直有相当激烈的批评。

——1980 年巴菲特致股东函

背景分析

这是上文的延续,讲的是在不合理的会计准则之下,参与游戏的保险公司们所对应的不合理的产业竞争。

行动指南

众人皆醉的时候,巴菲特始终保持清醒。这种反潮流的思维方式亦是他成功的诀窍。

8月26日 标准改变

就在几年前,我曾经说过营业利润占股东资本的比率(再加上一些调整)是衡量企业单一年度经营绩效的最佳指标。 虽然我们坚信这套标准仍适用于绝大部分的企业,但必须说明的是,这套标准对伯克希尔·哈撒韦来说,其适用性已大不如前。 或许你会怀疑这样的说法,认为当数字好看时很少有人会将标准舍弃; 但是当结果变得很糟糕时,经理人通常倾向于将衡量标准而非自己换掉。

当成绩恶化时,自然就会有另一套标准跑出来解释原因,就像是射箭手先将箭射在空白的标靶上,然后再小心地将红心画在箭的周围一样。 但基于前述原因的重要性日益增加,我们确信移动红心的举动是具有正当理由的。

——1982年巴菲特致股东函

背景分析

1982年伯克希尔·哈撒韦的营业利润约为3100万美元,期初股东权益报酬率仅约9.8%,较1979年的15.2%下滑,亦远低于1978年的新高19.4%,巴菲特认为主要原因有三:

(1)保险核保成绩大幅恶化;

(2)在股本大幅扩张的同时,伯克希尔·哈撒韦直接控制的被投资事业却未同步成长;

(3)伯克希尔·哈撒韦持续增加对不具控制权事业的投资,但它依比例可分得的盈余,依照会计原则却不能认列在账面上。

行动指南

投资者一般不能随便更改自己的业绩衡量标准,但有时候限于形势所迫也不得不如此。

8月27日 珍惜长期股东利益

我们很少大幅举债,而当真这样做时,我们倾向于把它们定在长期固定利率的基础之上,我们宁愿避免资产负债表过度融资而放弃许多吸引人的投资机会;虽然如此保守的做法有时使我们的绩效打了点折扣,但考量到对保户、存款人、借款人与全体股东将大部分财产托付给我们的责任时,这也是唯一令我们感到安心的做法。

管理当局的心愿不会靠股东的花费来实现,我们不会因为要任意的多角化而随便买下整家公司却忽略了股东长期的经济利益,我们会把你的钱当作在用自己的钱一般谨慎,就宛如你直接通过股票市场分散买进股票具备一样的价值。

——1983 年巴菲特致股东函

背景分析

巴菲特认为应该定期检验成果,测试的标准是衡量保留下来的每一块钱是否能发挥至少一块钱的市场价值,绝不能因为要让业绩在短期内看起来很棒而盲目借债并购,无视股东的长远利益。

行动指南

乱花钱的人总有乱花钱的理由,但他(她)的理由再冠冕堂皇,也掩盖不了最后的业绩下滑。

8月28日 产能盲目扩大之忧

保险业不像其他大部分的行业,所谓的产能只是心态上的而非实质的,只要他自己认为适当,保险业者可以接下无限量的保单,这期间只受到主管当局与工会评比的压力。 公司与主管当局在乎的是资本的适足性,越多的资本当然是越好,也代表可以签下更多的保单。 在标准的商品化企业,如钢铁或铝业,要增加产能还要一定的前置期间;而在保险业,资金却是可以随时取得,因此供给不足的情况可能马上就会消失。

这就是目前实际发生的状况,在去年总计有15家业者大约募集了30亿美元的资金,使得它们可以吃下所有可能的生意,而且资金募集的速度越来越快。 照这样下去,不用多久马上就会面临杀价竞争的情况,然后获利也会跟着受影响。

——1985年巴菲特致股东函

背景分析

伯克希尔·哈撒韦雄厚的资本结构堪称业界之最,随着市场的紧缩,这种能力显得愈发珍贵,可以让其从容地逆市扩张。实际上,巴菲特多年来在资本市场的看家利器就是在熊市中拥有大量的现金,以及超人的胆识。

行动指南

保险公司若扩张过度,则有未来亏损甚至流动性不足之忧;若是钢铁、纺织、航空之类的行业,则很可能面临全行业集体崩溃的危险,资产越多则危机越深。相反,若是可口可乐之类的企业,其扩张的最大武器是无形资产,不用供它吃喝,就算市场不景气,忍忍也就过去了。

8月29日 不以物喜不以己悲

现在伯克希尔·哈撒韦是全美国净值第二大的产业意外险公司(排名第一的是州

农保险,不过它并不从事再保险业务),因此我们绝对有能力也有兴趣去承担别的保险公司无法承担的风险。 随着伯克希尔·哈撒韦的净值与获利能力继续成长,我们接受保单的意愿也跟着增加,但是我必须强调只有好的生意我们才愿意接。 有人说:笨的有钱人特别好骗,我想这句话也适用于再保险,事实上我们平均拒绝98%以上的保单请求,我们挑选客户的能力跟我们本身的财务实力相当。 阿吉特·贾因(Ajit Jain)负责经营我们的再保险业务,堪称业界的翘楚,两者结合使得我们的竞争力确保在"霹雳猫"保险业界继续成为主要的参与者,只要保费价格合理。

——1992年巴菲特致股东函

背景分析

灾害保险业者实在是很难依据过去的经验来预估未来。例如若是全球温室效应确实存在的话,意外变量一定会增多,只要大气状况有些细微的变化就有可能造成气象形态的大幅波动;甚至恐怖袭击,其对象已经从美国转到了所有国家。

故巴菲特从来不做盲目乐观(或悲观)的再保险接受者,他总是坚持一个恒定的数学概率:90%的钱是要用来赔付的。因此,他自然可以远离不测的风险。

行动指南

投资者绝对应该借鉴这种态度,无论"市场先生"情绪好坏,坚持在一个安全边际下买入价值被低估的股票,然后长期持有;等待公司潜力发挥出来,并在价格远高于价值的时候抛售。

不以物喜,不以己悲,不易之至理。

九月 │ 人性的弱点

MON	TUE	WED	THU	FRI	SAT	SUN
1 初八	**2** 初九	**3** 初十	**4** 十一	**5** 十二	**6** 十三	**7** 十四
8 中秋节 白露	**9** 十六	**10** 十七	**11** 十八	**12** 十九	**13** 二十	**14** 廿一
15 廿二	**16** 廿三	**17** 廿四	**18** 廿五	**19** 廿六	**20** 廿七	**21** 廿八
22 廿九	**23** 秋分	**24** 九月大	**25** 初二	**26** 初三	**27** 初四	**28** 初五
29 初六	**30** 初七					

9月1日 会计把戏

近年来,道德逐渐沦丧,虽然许多大企业还是开大门走大路,不过却有越来越多的所谓高格调的经理人(就是那种你想要把女儿许配给他或请他担任遗嘱执行人的人),渐渐认为玩弄数字以符合华尔街预期的做法没有什么大不了的。 没错,有许多经理人不但觉得这类操纵数字的行为很正常,甚至是他们的工作职责之一。

这些经理人一开始往往就认定他们的主要工作之一是让公司的股价越高越好。而为了撑高股价,他们可以说是无所不用其极致地在公司运营上冲刺,只是当公司运营结果不如预期时,他们自然而然地会想到运用不当的会计手法,不是"制造"出想要的盈余数字,就是预埋伏笔在未来的盈余上做手脚。

为了让这样的行为合理化,这些经理人常常表示如果公司股票的价格不能合理反映其价值,则公司股东的权益将会受损,同时他们也声称运用会计骗术以得到想要的数字的做法很普遍。

——1998 年巴菲特致股东函

背景分析

有一种会计科目叫做"重整损失",在法理上虽然属于合法但却通常被当作操纵损益的工具。通常公司会将多年来累积的开支在一个季节一次提列损失,这是一种典型的让投资人大失所望的骗术;有时候,公司则是为了将过去塑造不实在的盈余所累积的垃圾一次出清或是为虚增未来年度的盈余预先铺路。不管怎样,这些做法的前提都是抓住华尔街只关心未来年度的盈余高于预期 5 分钱,却一点也不在乎公司当季度的盈余少了 5 块钱的心理。

行动指南

中国内地 A 股市场也不乏这种玩家,比如以前赫赫有名的"扭亏能手"顾雏军等。巴菲特认为企业的长期稳定赢利重于一切,稳定赢利的企业远胜那种忽高忽低的公司。

9月2日 可怕的经常项目账赤字

若是我们让经常项目账赤字的情况继续恶化下去,未来十年内外国人持有我国资产的数目将暴增到 11 兆美元;而若以平均 5% 的投资报酬率计算,我们每年还必须额外支付 5500 亿美元的劳务与货品给外国人。十年之后,我们的 GDP 预估不过是 18 兆美元(假设维持低通货膨胀,虽然这还不是很确定),届时美国家庭为了过去的挥霍无度,每年都要奉献出 3% 的全年所得给外国人,在这种状况下真的就要变成所谓的父债子还了。

——2004 年巴菲特致股东函

背景分析

上兆美元对一般人来说或许是遥不可及的天文数字,而更让人容易搞混的是目前的"经常项目账赤字"(由三个项目组成,其中最重要的就是贸易逆差),这与"预算赤字"并称为双胞胎,但两者的成因不同,造成的影响也不同。

预算赤字仅会造成本国国内财富的重新分配,别的国家与人民不会增加对本国人民的资产的所有权,也就是说就算是赤字飙上天,国内所有的产出所得仍将归国民所有。但积重难返的经常项目账赤字将改写整个游戏规则,随着时间过去债主将一一上门,将国民收入瓜分殆尽,其结果是世界上其他国家的人从本国居民身上抽取的税捐一天比一天高,而这个国家就像是一个入不敷出的家庭,成为一个"佃农"。

美国就处于这个过程中,"次贷危机"就是一次总爆发,若仍旧延续该种模式,迟早还会爆发危机。

行动指南

量入为出,尽量不要借贷消费,更要谨慎借贷投资。

9月3日 警惕系统性风险

衍生性金融商品交易也有可能造成多米诺骨牌效应的风险,这是因为许多保险业及再保险业者习惯将风险分散给其他保险公司。 在这种情况下,巨额的应收款项将随着交易对象的日趋复杂而持续累积,交易的一方或许对自己相当有信心,认为其巨额的信用风险已经经过适度分散,因此不会发生任何危险。 只有等到某种特殊状况,一个外部事件导致A公司的应收账款发生问题,从而影响B公司,乃至一路到Z公司。 历史教训告诉我们,危机的发生往往是我们在太平盛世时想不到的一连串问题所导致的。

——2002年巴菲特致股东函

背景分析

距离"次贷危机"爆发前5年,巴菲特已经准确地说出了这个危机的直接导火索,他不是"股神",还有谁呢?

行动指南

有时候看起来很保险的东西却孕育着巨大的系统性风险,因为你不知道那个给你信心的机构会不会有大问题,华尔街上的巨人就是这样纷纷倒下的。

9月4日 反思风险

保险业承保的几项原则:

第一,只接受能够妥善衡量的风险,也就是谨守自己的能力范围。 谨慎评估所有的相关因素,包括可能的最微小的损失在内,然后得出获利的期望值。 这样的保险公司从来不以市场占有率为目的,在看到同业为抢夺客户而杀价竞争或提供不合理的理赔条件时也不会跃跃欲试。

第二,要严格限制承接的业务内容,以确保公司不会因为单一意外及其连带事件而累积理赔损失,因此影响公司的清偿能力,同时不遗余力地寻找任何看似不相关的风险间彼此可能的潜在关联。

第三,避免涉入可能引发道德风险的业务,不管其费率多么诱人。 不要妄想在坏人身上占到任何便宜,大部分客户的诚信都值得信赖,所以不必要与有道德疑虑的人打交道,事后证明通常其成本远比想象中的要高。

——2001 年巴菲特致股东函

背景分析

"9·11"事件的发生给伯克希尔·哈撒韦旗下通用再保险带来了巨大损失,巴菲特总结出这样三条教训。他尤其指出,通用再保险对于第一条与第二条的执行力相当差,在设定费率及评估累计的可能风险时低估了大规模恐怖事件发生的可能性。

行动指南

对风险的认识永远在随着市场的变化而提升,没有止境,投资者在整个投资生涯中要经常反省有没有忽略什么风险因素。

9月5日 避免提列损失不当

记得在 2001 年年底,通用再保险试图将以前年度提列已发生但未支付的损失准备金补足,但事后证明我们做的还差很远,这使得该公司必须在 2002 年再补提 13.1 亿美元的损失,以修正以前年度所发生的估计错误。 当我在检视通用再保险后才发现准备提列疏失时,我突然想到有一首乡村歌曲的歌词形容得相当贴切:真希望现在的我没有发现以前我不知情的那段往事。

——2002 年巴菲特致股东函

背景分析

巴菲特相信通用再保险现在已为伯克希尔·哈撒韦贡献了大量无成本的浮存金,整家公司倒闭的风险可说已被排除。该公司当年又获得另外一项重要的竞争优势,那就是其他三家原本同列 AAA 最高信用评级的世界级主要竞争同业,在那年都至少被调降一个信用等级。在这些保险巨擘当中,唯有通用再保险一路维持 AAA 评级,在象征财务实力的领域中独占鳌头。

行动指南

保持对风险的警惕,才能获得长期的信用高评价,投资事业亦是如此,长久安全才能稳定收益,安全始终在收益之前。

9月8日 泡沫

政府不可能阻止泡沫重新产生,有人的地方就有泡沫。 人类容易走极端,如果你的邻居做某事赚了一大笔钱,你也会觉得应该做同样的事情。 而且泡沫暂时会越滚越大,就像当年的"互联网泡沫"。 人们经历过很多次泡沫了,400 年前就有两次泡沫,但人们仍然会不时自欺欺人造成泡沫。

因此泡沫还会发生。 你应该尝试并做到的是,为人们控制损害的规模。 例如,我们在 1929 年"大萧条"后就这么做了。 1929 年后,我们发现,人们以低于 10% 的自有资金率进行交易对经济构成威胁,于是通过一部法律要求政府设立融资保证金规则。 那么我们在 1982 年做了什么呢? 我们批准了一项标准普尔 500 合同,使人们可以用极低的自有资金在股市进行赌博,与此同时你只需要在美联储留 50% 的准备金就行了。 这简直是疯了,我们把原先设立的高融资准备金标准安全网撤除了,而当时没有人提出异议。

——2010 年伯克希尔·哈撒韦公司股东大会上巴菲特接受 CNBC 的专访

背景分析

巴菲特认为极端的杠杆应该被防止出现在市场上的个体投机中。他认定金融危机的根源在于 1982 年美国让标准普尔 500 和金融衍生品大肆加入市场投机。他在 1982 年的时候给丁格尔(Dingell)议员写信,称这会使市场变得更像个赌场。但是没有收到效果。

行动指南

泡沫本身并不可怕,可怕的是无限制使用杠杆来堆积泡沫,中国经济也正在经历较为痛苦的去杠杆化,巴菲特的建议值得吸取。

9月9日 独立董事难独立

从过去62年以来涵盖数千家公司的个案研究就可看出端倪,成千上万的投资公司董事会每年都聚会行使投资人赋予他们的重大责任——为其背后所代表的数百万投资人选择适当的人选来管理其身家财产。 只是我们发现,年复一年董事会只不过是装出掌握控制权的表面假象,A基金公司永远选择A经理人,B基金公司也总是选择B经理人,其制式程序就像僵尸般食古不化。 当然偶尔也会有董事会"凸槌",但大多时候就算现任的基金经理人的表现很差劲他们也视而不见。 我想要等这些独立行使职务的董事愿意开始建议寻找其他合适的经理人人选,恐怕连猴子都有办法写出莎士比亚歌剧了。 令人吊诡的是,当这些人在处理自己的资产时,只要发现苗头不对,他们肯定立刻见风转舵、另觅贤能,实在是无法理解当他们在受托帮他人管理资产时,为何脑筋偏偏就转不过来呢?

——2002年巴菲特致股东函

背景分析

自从1940年以来,美国联邦法令规定投资公司(其中绝大部分为共同基金)必须有一定比例的董事维持独立,这一比例原来要求是40%,目前则提高为50%,但无论如何共同基金的董事会组织运作都符合独立性的条件。这些董事及整个董事会依功能区分背负许多责任,但实务上的运作通常只有两项重要的任务,一是找到最优秀的基金经理人,二是协调争取最低的管理费。

行动指南

独立董事在中国更是"花瓶",投资者切不可因为某公司的独立董事赫赫有名而选择它。

9月10日　长期期权骗局

大多数情况下美国高管薪酬与经营业绩的不匹配程度到了非常可笑的地步。将来也不会有什么太大的变化,因为关于 CEO 薪酬就像以欺骗方式做牌一样已经事先安排好,完全不利于投资者。结果是一个表现平平或者表现糟糕的 CEO,在他精心物色的人际关系主管和非常乐于助人的咨询公司顾问的协助下,最终总是从一个恶意设计的高管薪酬安排中获得大量的金钱。

——2005 年巴菲特致股东函

背景分析

巴菲特是非常反对给公司管理层发长期期权的,他认为那会鼓励 CEO 们背叛股东利益。如果这些高管真的看好公司,应该用公司发给他们的现金去买进股票。

行动指南

国内上市公司的第一高薪"中国平安马明哲"就是期权获利的明证,事实证明了巴菲特的远见:为了让期权增值,CEO 拿了公司的钱去大肆购买收益率极低的资产。这样的公司,投资需谨慎。

9月11日　操纵薪酬委员会

对于一家公司的董事会来说,实行一种当保留收益时自动调整计算期权价值的做法简直是轻而易举,但让我吃惊又吃惊的是这种期权几乎从来没有发行过。实际上,期权履约价格随着留存收益而调整的期权激励计划对于管理层激励"专家"来说似乎十分陌生,然而这些专家对所有出现过的有利于管理层的期权计划却像对百科全书一样了如指掌。

遭受解雇的那一天将会成为一个 CEO 收入特别丰厚的一天。事实上在清理他的办公桌走人的那一天,他"挣"的钱比一个清扫厕所的美国环卫工人一年挣的还要多得多。 忘掉那句古老的格言"一事成功事事成功",如今在公司管理层一个风靡一时的定律是"一事失败事事成功"。

——2005 年巴菲特致股东函

背景分析

巴菲特认为要求发天价薪水的 CEO 搞定董事会很简单:选择三个左右董事(当然并非随机选择),成立薪酬委员会,在董事会会议召开几个小时前,用薪酬支付永远逐步提高的统计数据对他们进行一顿狂轰滥炸……

由于巴菲特对此事如此了如指掌,以至于他虽然曾经担任过 20 家上市公司的董事,但只有一家公司的 CEO 把他安排进入公司薪酬委员会。

行动指南

上市公司高管的薪酬水平过高、期权被不当应用,看起来只是一个微小的财务问题,其实则不然,后果很严重。若这种现象横行无阻,说明公司的董事会力量很薄弱,高管可以任意妄为,公司治理实在很有问题。此外,它也会形成恶劣的企业文化,令一般员工都好大喜功,报喜不报忧。这样的公司往往不是良好的投资目标。

9 月 12 日 聪明人净干蠢事

整个长期资本管理公司的历史,我不知道在座的各位对它有多熟悉,其实是波澜壮阔的。 如果你把那样 16 个精英——还有两个诺贝尔经济学奖的获得者,迈伦·斯科尔斯(Myron Scholes)和罗伯特·默顿(Robert Merton),放在一起,可能很难再从任何你能想象得到的公司中,包括像微软这样的公司,找到另外 16 个这样高智商的一个团队。那真的是一个有着难以置信的智商的团队,而且他们所有人在业界都有着大量的实践经验。 这 16 个人加起来的经验可能有 350~400 年,而且是一直专精于他们目前所做的。并且,他们所有人在金融界都有着极大的关系网,数以亿计的资金也来自这个关系网,其实就是他们自己的资金。 拥有超级智商,并在他们内行的领域,结果却是他们破产了。

这于我而言绝对是百思不得其解。 如果我要写本书的话,书名就是《为什么聪明人净干蠢事》。 查理说那本书就是他的自传。 这真的是一个完美的演示。

——1998 年巴菲特在佛罗里达大学商学院的演讲

背景分析

长期资本管理公司和巴菲特往来很多,但"股神"一直不认同他们的做法,觉得那是很危险的赌博,即使再聪明也难免会有失手的时候。

行动指南

那 16 个人都是公认的高手,而且道德上也没有瑕疵,但他们实在太聪明以至于认为世界上没有他们不能接受的风险,因而用太多别人的钱来冒险,这就太愚蠢了。

9月15日 历史无法预示未来

用对你重要的东西去冒险赢得对你并不重要的东西,简直不可理喻,即使你成功的概率是 100:1,或 1000:1。 如果你给我一把枪,弹膛里 1000 个甚至 100 万个位置,然后你告诉我里面只有一发子弹,你问我要花多少钱才能让我拉动板机,实际上我是根本不会去做的。 你可以下任何注,即使我赢了,那些钱对我来说也不值一提;如果我输了,那后果是显而易见的。 我对这样的游戏没有一点兴趣。

我所不能理解的是,这 16 个如此高智商的能人怎么就会玩这样一个游戏,简直就是疯了。 在某种程度上,他们的决定基本上都依赖于一些事情。 他们都有着所罗门兄弟公司的背景,他们说一个六或七西格玛的事件(指金融市场的波动幅度)是伤不着他们的。 他们错了,历史是不会告诉你将来某一金融事件发生的概率的。

——1998 年巴菲特在佛罗里达大学商学院的演讲

背景分析

在一个问题上,巴菲特和索罗斯的见解是一样的:历史的统计规律对预测未来毫无帮助。两位投资大师都这样认为,可见此话极有见地。有人迷信历史总是重复的,其实历史不重复的时候多得很,而且即使重复你也不知道它何时开始、频率如何。因此,问道于过去相当于问道于盲。

行动指南

实际上,金融市场上所谓的"肥尾理论"①再明确不过,曾被认为概率小到一亿年也不会发生一次的系统性国际金融崩溃在近 30 年里就发生了两次:一次是俄罗斯政府破产,它直接拉响了长期资本管理公司的末日丧钟;另一次是"次贷危机"。

9 月 16 日 核定薪酬分配

在伯克希尔·哈撒韦,有关薪资报酬这方面,我们试着采取与处理资金分配时一样合理的做法。 举例来说,我们付给拉夫尔·史奇的报酬是根据他在史考特·飞兹而非伯克希尔·哈撒韦的成绩而定的。 这样的方式再合理不过了,因为他负责的是单一部门而非全伯克希尔·哈撒韦的运营。 若是将他的报酬全部锁在伯克希尔·哈撒韦的荣枯身上,对拉夫尔·史奇来说,其报酬将会显得不公平。 比如说有可能他在史考特·飞兹击出全垒打,但查理和我却在伯克希尔·哈撒韦把事情给搞砸了,最后使得他的功劳与我们的过错相抵消;而万一要是伯克希尔·哈撒韦别的部门大放异彩的同时,史考特·飞兹的表现却平平,那么拉尔夫·史奇又有什么理由跟其他人一样分享伯克希尔·哈撒韦的获利与奖金呢?

在设定薪资报酬标准时,我们不会吝啬提出重赏的承诺,但绝对是在各个经理人的职权范围内论功行赏。 当我们决定对某项运营投入大笔资金时,我们会将高额的资金利息成本算在其经理人的头上;当他们将多余的资金释回给我们时,我们也会将对等的利息收入记在其功劳簿上。

——1994 年巴菲特致股东函

---

① "肥尾理论"是近年来金融学中一个热门议题,它是对"钟形曲线"理论中的"长尾理论"的一个补充和修正。简言之,它告诉我们很多看起来概率很小的事件,往往有着不同寻常的高发的风险,会毁掉这个模型的有效性。——编者注

背景分析

值得一提的是,巴菲特在考量经理人业绩时,还对投入的资金计算利息,这也符合他"一块钱投资必须赚回至少一块钱"的观点。故他旗下的经理人总是会源源不断地"压榨"出现金给他再投资。

行动指南

投资者在核定自己盈亏状况时,切记把资金的机会成本算上,不能有意无意地忽略成本,感觉自己很牛。

9月17日 重大失误

错误通常在做决策时就已经造成,不过我们只能将新鲜错误奖颁给那些很明显的愚蠢决策。 按照这种标准,1994年可算是竞争相当激烈的一年,在这里我必须特别指出以下大部分的错误都是查理造成的,不过每当我这样说时,我的鼻子就会跟着开始变长。

......

1993年年底,我将1000万股大都会股份以每股63美元卖出,不幸的是到了1994年年底,该公司股价变成85.25美元。 而当我们在1986年以每股17.25美元买进该公司股份时,就曾经向各位报告,在更早之前,也就是在1978—1980年间,我就曾经以每股4.3美元卖掉该公司股份,并强调对于个人这样的行为感到心痛,没想到现在我却又明知故犯,看起来我似乎应该要找个监护人来好好监管一下。

更不幸的是,资本城一案只能得到银牌,金牌的得主要算是我在5年前就犯下的一项错误,那就是我们在美国航空3.58亿美元的特别股投资。 去年9月,该公司宣布停止发放特别股股息。 早在1990年,我就很准确地形容这项交易属于非受迫性的失误,完全要归咎于我个人草率的分析,这项挫败导因于我们过于自大的心态,无论如何这是一项重大的错误。

——1994年巴菲特致股东函

背景分析

好公司的股票总是值得买了再买,而坏公司无论怎么救也是积重难返。道理很简单,不过强人如巴菲特还是一犯再犯这个简单错误,难怪他如此痛心疾首。

行动指南

美国航空曾经是垄断企业,但是多年好日子令它毫无竞争力,一旦打破垄断就失去生命力。多年来,笔者在个人投资生涯里坚决不投任何垄断行业,就是不想把投资变成对政府法规的投机。

9月18日 特别优先股保护

当维京亚特兰大航空公司的老板理查德·布兰森(Richard Branson)被问到要如何才能够变成一个百万富翁时,他的回答很简单:其实也没有什么!首先你要先成为一个亿万富翁,然后再去买一家航空公司就成了!但由于我本人不信邪,所以我在1989年决定以3.58亿美元投资取得美国航空年利率9.25%的特别股。

那时我相当喜爱同时也崇拜美国航空的总裁埃德·科洛德尼(Ed Colodny),直到现在仍是如此。 不过,我对于美国航空业的分析研究实在是过于肤浅且错误百出,我被该公司过去历年来的获利能力所蒙骗,同时过分相信特别股可以提供给我们在债权上的保护,以至于忽略了最关键的一点,那就是美国航空的营收受到毫无节制的激烈的价格竞争而大幅下滑的同时,其成本结构却仍旧停留在从前管制时代的高档。

——1996年巴菲特致股东函

背景分析

巴菲特在这笔投资中唯一做对的事情是当初在投资时买的是"特别优先股",即公司每年要付9.25%利息给伯克希尔·哈撒韦,另外还特地加了一项"惩罚股息"条款,也就是说万一该公司延迟支付股息的话,除原有欠款外,还必须外加以基本利率5%的利息。1994年和1995年两年伯克希尔·哈撒韦没有收到股息,所以以后美国航空就得支付 13.25％与 14％的利息。等到 1996 年下半年美国航空开始转亏为盈时,他们开始清偿这笔合计 4790 万美元的欠款。

行动指南

还记得巴菲特在"次贷危机"中买进的通用电气和高盛的股票吗? 都是特别优先股,除了拥有股价上的安全边际,合理利用自己的话语权建立技术性安全边际也是一记强手。

9月19日 好日子,坏日子

保险业最近受几项不利的经济因素所困而前景暗淡,数以百计的竞争对手、进入门槛低、无法大幅差异化的产品特性,在这种类似商品型产业之中,只有运营成本低的公司或是一些受到保护的利基产品才可能有长期获利成长的机会。

当产品供给短缺时,即使是商品型产业也能蓬勃发展,不过在保险业界这种好日子早就已经过去了,资本主义最讽刺的地方就是商品型产业大部分的经理人都痛恨商品短缺不足,但偏偏这是唯一可能让这些公司有获利的机会。 当短缺出现时,经理人便会迫不及待地想要扩充产能,这无疑是将源源不断流入现金的水龙头关掉一样,这就是过去三年保险公司经理人的最佳写照。

——1987 年巴菲特致股东函

背景分析

1985—1987 年美国保险业的保费收入大幅增长,不过接下来的情况可就不太妙了,由于这个产业具有递延的现象(因为大部分保单都是一年期的),所以对于损益的影响会在往后陆续浮现。

行动指南

过好日子的时候不要忘记别人都想挤进来,所以坏日子也不远了,反之亦然。

9月22日 天生我财？

保险业不但是获利相当低,而且也是不太受尊重的行业,而且很讽刺的是,在这行做得要死要活的同时,还要被客户糟蹋,不像有些赚翻了的行业,东西明明贵得要死,却是一个愿打一个愿挨。

以早餐麦片为例,它的资产报酬率是汽车保险业的1倍(这也是为什么家乐氏与通用磨坊的市净率是5倍,而保险业者的市净率仅为1倍),麦片公司常常在调整产品售价,即使其生产成本没什么变,但消费者却连屁都不放一个。但要换做是保险业者,就算只是反映成本稍微调整一下价格,保户马上就会生气地跳起来。所以若你识相,最好是去选择卖高价的麦片,而不是低价的汽车保险。

——1988年巴菲特致股东函

背景分析

巴菲特的这番抱怨来自当年秋天加州通过的"103提案",提案威胁要将汽车保费价格大幅压低,所幸法院后来检视这项提案予以搁置,但这次投票所带来的冲击未曾稍减,保险业者在加州已很难再有运营获利的空间。

行动指南

有些行业注定发财,有些行业注定失败。但必须看到的是,喜斯糖果和可口可乐固然赚钱容易,但它们是在经过激烈竞争获得巨大品牌优势后才过上好日子的,消费品行业里大叹苦经的人恒河沙数,故此投资者切不可一看消费品行业就盲目投资。

9月23日 冲动是魔鬼

产业未来的获利性取决于现今而非过去竞争的特性,但许多经理人很难认识到这一点。不是只有将军才会战到最后一兵一卒,大部分的企业与投资分析都是后知后觉,但我们却看得很透彻,唯有一种情况才能改善保险业承保获利的状况,这和铝、铜或玉米生产业相同,那就是缩小供给与需求之间的差距。

而不幸的是,不像铝、铜,保单的需求不会因市场紧俏而一下子就大幅增加,所以相对而言就必须从紧缩供给面来下手,而所谓的供给实际上是偏向心理面而非实质面的,不必关闭厂房或公司,只要业者克制一下签下保单的冲动即可。

这种抑制绝不会是因为获利不佳。 不赚钱虽然会使业者犹豫再三,但他们却不愿冒着丧失市场占有率与业界地位而放弃大笔的生意,反而是需要自然的或金融上的大风暴才会使业者大幅缩手。

——1982 年巴菲特致股东函

背景分析

绝大部分投资者都明白巴菲特的炒股赢利模式,即看准价值中枢,准备现金,待股市萧条时入货。但很少有人看准巴菲特在产业经营中也充分运用了这个模式:待保险行业集体崩盘,即是伯克希尔·哈撒韦发财之时。

行动指南

在牛市中克制自己的扩张冲动是很难的,只有那些不紧不慢步步为营地经营自己的生意,不以物喜不以己悲地从容进步的企业,才是真正具有长期竞争优势的公司。

9月24日 并购估值问题

在公司并购交易中,有三种方法可以避免原有股东的股份价值遭到侵蚀。

第一种方法是以合理的价格对合理的价格进行并购。

第二种方法发生在并购方公司的股票市价高于其企业实质价值。 在这种情况下,发行股票反而会增进原有股东权益,在 1965—1969 年间许多并购案便属于这类。

第三种方法是并购者照样进行交易,接着再从市场买回因并购所发行的股份。如此一来,原本以股换股的交易便转变为以现金换股的交易,买回股份本身是一种修补损害的动作。 正常的读者应该能正确地猜到我们宁愿以买回自家股份的方式直接增进原有股东权益,而不只是修补原先的损害。 得分的达阵会比弥补失误更令人雀跃,但当失误真的发生了,亡羊补牢还是很重要的。 我们衷心建议大家应该以买回自家股份这类弥补错误的动作,将一项不好的以股换股交易变为合理的现金换股交易。

——1982 年巴菲特致股东函

背景分析

并购所用的专业术语往往会让事情更加混淆,同时鼓励经理人作出不合理的举动。举例来说,"股权稀释"通常须经过仔细试算对账面价值与每股获利能力的影响,其中后者尤其受到重视,若计算结果对并购者为负面(即获利可能遭到稀释),则马上有人会提出合理解释说明在未来一定能够改善。

行动指南

巴菲特的这套言辞比较晦涩,但非常重要。投资者在面对上市公司一套程式化的并购(或者是增发新股资产注入)说明书时,不仅要算清账面价值,更要仔细计算新加进来的资产获利能力是否配这个价格。当然,若碰到有些无赖公司既要发股票又拒绝透露其投向的话,坚决回避就是了。

9月25日 买回自己

去年我们几个投资部分较大的被投资公司只要其价格与价值差异颇大时,都努力买回自家股份,这对于身为股东的我们而言,有两点好处:第一点很明显,是一个简单的数学问题,通过买回公司的股票,等于只要花一美元的代价便能够获得两美元的价值,所以每股的实质价值可大大提高,这比花大钱去并购别人的公司效果要好得多。

第二点较不明显,且没有什么人知道,实际上也很难去衡量,但时间越长其效果越明显,那就是管理当局可通过买回自家的股票来对外宣示其重视股东权益的心,而非一味地要扩张个人经营事业的版图(因为后者往往不但对股东没有帮助,甚至反而有害于股东的利益)。 如此一来,原有的股东与有兴趣的投资人将会对公司的前景更具信心,而股价便会向上增长而与其本身的价值更为接近。 相对那些成天把维护股东权益的口号挂在嘴边,却对买回自家股票的建议置之不理的人,很难说服大家他不是口是心非,久而久之,他便会被市场投资人所离弃。

——1984 年巴菲特致股东函

背景分析

巴菲特一向主张,对股东最负责的做法就是当股价低迷时,由上市公司用现金买回自家的股票。当然,伯克希尔·哈撒韦从没买回过自己的股票,那是因为巴菲特总能发现比它更被低估的股票。

行动指南

往往在一个市场到达底部时,就会发生大量公司买回自己股票的事件,这也可以看作是一个估值参考。

9 月 26 日 监视"活死人"

大部分的公司倒闭是因为现金周转不灵,但保险公司的情况却不是如此,你挂掉时可能还脑满肠肥,因为保费是从保户一开始投保时便收到,但理赔款却是在损失发生之后许久才须支付,所以一家保险公司可能要在耗尽净值之后许久才会真正耗用完资金。

而事实上这些所谓的"活死人",通常更铆劲以任何价格承担任何风险来吸收保单,以使得现金持续流入。这种态度就好像一个亏空公款去赌博的职员,只能被迫继续贪污公司的钱再去赌,期望下一把能够幸运地捞回本钱以弥补以前的亏空,而即使不成功,反正贪污 100 万美元是死罪,贪污 1000 万美元也是死罪,在东窗事发之前,他们还是能够继续保有原来的职位与待遇。

——1984 年巴菲特致股东函

背景分析

巴菲特之所以对这种行为如此深恶痛绝,是因为别的产险公司所犯的错给伯克希尔·哈撒韦带来了很大冲击,不但身受那些"活死人"削价竞争之痛,而且当他们真的倒闭时,伯克希尔·哈撒韦也要跟着倒霉,因为许多州政府设立的偿债基金是依照保险业经营状况来征收的,伯克希尔·哈撒韦最后可能被迫要来分担这些损失。

行动指南

"活死人"这个词用得好,股市里其实有大量这种类型的公司,尤其是在中国,靠政府输血的垃圾公司多得很,还是少碰为妙。

9月29日 接班人

他(巴菲特的儿子霍华德·巴菲特)的工作是确保在挑选 CEO 时不犯错误。 他的工作是保留公司文化,而不是运营企业。 如果我们挑错了 CEO,那么非执行董事长就非常重要,他要作出变化, 公司需要他保护文化。 他不会幻想要自己去运营业务,他只需要担心是否需要换 CEO。 我看到过很多公司请了一个平庸的 CEO,如果有一个非常在乎公司及其文化的非执行董事长,换掉 CEO 这事就容易多了。 当 CEO 同时还兼任董事长时要作出变化很困难。

——2013 年巴菲特在伯克希尔·哈撒韦公司股东大会上的发言

背景分析

2013 年的公司股东大会上,有人提问说,霍华德·巴菲特未来将担任伯克希尔·哈撒韦的非执行董事长,但他没有管理经验,也没有运作过复杂的机构,为什么他是这个职位最好的人选?

实际上巴菲特对他身后的伯克希尔·哈撒韦安排的是"有大股东监督的职业经理人管理体制"。巴菲特多次抨击华尔街式的单纯靠期权和高额薪酬来激励职业经理人的管理模式,同时他的直系亲属、未来的大股东又不具备直接管理公司的能力,所以他设置了一个有"安全边际"的管理模式,即职业经理人管理公司、大股东任非执行董事这样一个可以纠错的模式。

行动指南

家族企业找接班人是一个世界性的难题,中国的一大批企业家也正面临这个问题,当直系亲属不够能力、职业经理人体制天然有诸多弊病时,该如何应对? 晚年的巴菲特在这方面也许会留下人生最完美的一个句号。

9月30日　识破经理人诡计

当资本报酬率平平,这种大堆头式的赚钱方式根本就没什么了不起,换成你坐在摇椅上也能轻松达到这样的成绩,好比只要把你存在银行户头里的钱加倍,一样可以赚到加倍的利息,没有人会对这样的成果报以掌声。 但通常我们在某位资深主管的退休仪式上歌颂他在任内将公司的盈余数字提高数倍,却一点也不会去想想这些事实上是因为公司每年所累积盈余与复利所产生的效果。

当然,若那家公司在此期间以有限的资金赚取极高的报酬或是只增加一点资金便创造更多的盈余,则他所得到的掌声是名副其实的;但若报酬率平平或只是用更多的资金堆积出来的结果,就应该把掌声收回,因为只要把存在银行所赚的8%利息再继续存着,18年后你的利息收入会自动加倍。

这种简单的算术问题常常被公司所忽略而损及股东的权益,因为许多公司的奖励计划随随便便大方地犒赏公司主管,例如给予公司主管十年固定价格的认股权,这将使得公司分配盈余的能力大大缩减。 事实上,公司的盈余增加有许多只是因为盈余累积所产生的效果。

——1985年巴菲特致股东函

背景分析

很多吹得很牛气,说自己多年来为企业增长作出如何了不起贡献的 CEO,其实非常平庸,根本对不起自己的那份高薪。

行动指南

    巴菲特说,投资不用高等数学。另一方面,识破投资中的骗局也不用高等数学,只要记住两条:第一,钱是有时间价值的,而且以复利计算;第二,投资者投入的本金不仅是买入股票的那一锤子,还包括后来企业累计盈余再投入的所有部分。

十月 | 市场群氓

MON	TUE	WED	THU	FRI	SAT	SUN
			1 国庆节	**2** 重阳节	**3** 初十	**4** 十一	**5** 十二
6 十三	**7** 十四	**8** 寒露	**9** 十六	**10** 十七	**11** 十八	**12** 十九
13 二十	**14** 廿一	**15** 廿二	**16** 廿三	**17** 廿四	**18** 廿五	**19** 廿六
20 廿七	**21** 廿八	**22** 廿九	**23** 霜降	**24** 闰九月大	**25** 初二	**26** 初三
27 初四	**28** 初五	**29** 初六	**30** 初七	**31** 初八		

10月1日 期权的不合理性

讽刺的是,当大家一再发表"期权的实施有其必要,因为如此一来经理人与股东便能同舟共济"的论调时,我要说,事实上两者的船是完全不同的。因为所有股东皆必须负担资金成本,而经理人持有固定价格选择权却什么也不必承担,股东在期盼公司发达的同时还必须承受公司可能失败的风险,事实上一个你希望能享有认股权的投资计划往往不会是你想要投资的计划。

在股利政策方面亦然,凡是对持有期权的经理人最有利的,对股东一定最不利。回到之前的银行存款上,不领利息对于持有期权的受托人最有利;相反,身为委托人应该要倾向于把利息全领出来,免得让经理人利用利滚利占你便宜。

虽然有那么多缺点,期权在某些时候还是很好用的,我批评的重点主要是它们被无限制地滥用。

——1985 年巴菲特致股东函

背景分析

巴菲特一直主张,期权规划要非常慎重,除非有特殊原因,否则就应该把资金成本与保留盈余的影响列入考量,价格也要合理地制订。除非在非常特殊的情况下,否则公司不管是将部分股权廉价卖给内部人还是外部人,原来的股东权益一定受到损害。最后的结论是期权的认购价一定要与真实价值相当。

伯克希尔·哈撒韦采用的奖励计划是把每个人在其职权范围内的目标实现状况作为奖赏的依据。

行动指南

管理者的期权与一般股东的股权最大的差别就是资金成本和风险,正是这些不同造就了一种不顾风险盲目扩张的管理文化,故所谓"股权激励板块"应该享受高估值的论调毫无合理性。

10月2日　看空美国

2002 年,我们首度进入外汇市场; 2003 年,我们进一步扩大这方面的仓位,主要原因是个人长期看空美元。 我必须强调的是,预言家的墓地有一大半都躺着宏观经济分析家。 在伯克希尔·哈撒韦,我们很少对宏观经济作出预测,我们也很少看到有人可以长期作出准确的预测。

展望未来,我们仍然会将伯克希尔·哈撒韦大部分的投资摆在美国资产之上。近年来,我们国家的贸易赤字持续强迫全世界其他国家吸收美国的债权与资产,外国对这类资产的兴趣曾经一度消化了这类供给。 但是到了 2002 年,全世界开始吃撑到吐,美元相对于其他货币开始贬值,汇率的变动却无法有效解决贸易赤字,所以不管外国投资人愿意与否,他们手上仍将抱满美元,其结果大家很容易想象,最后还是会对外汇市场造成困扰。

——2003 年巴菲特致股东函

背景分析

巴菲特在 2003 年 11 月 10 日的《财富》杂志上公开提出美国赤字过多将导致经济危机的观点以及解决方案,然而他也承认“国家的活力以及耐力一再让唱衰者像个傻瓜”。不过,伯克希尔·哈撒韦还是用投资非美元资产的方式作出了避险举措。

行动指南

很多美国人都曾说赤字将造成大问题,但是他们还是决定看一看形势发展再说。这就是所谓的诺亚方舟定理:重要的不是预测暴风雨,而是建造方舟。

10月3日　EBITDA

查理和我在阅读财务报告时,对人员、工厂或产品的介绍没有多大兴趣,有关扣除折旧、利息与税负前的盈余(EBITDA)的引用更让我们胆战心惊,难道经营阶层真的认为拿牙齿①就可以换来大笔资本支出吗?

对我们来说,翔实的报告代表我们 30 万合伙人可以同时得到相同的信息,至少能够尽可能做到。 因此,我们习惯将季报与年报在星期五收盘后,通过网络统一对外公布。 如此一来,股东们与所有关心伯克希尔·哈撒韦的投资人都可以及时得到重要讯息,同时在星期一开盘之前,有足够的时间吸收消化相关信息。

我们为证监会主席近来大力打击如癌症般扩散的企业选择性透露做法喝彩。 确实,近年来,许多大企业习惯引导分析师或大股东的盈余预估刚好符合公司本身的盈余预期(或只差一点)几乎已成常态,通过选择性地揭露信息,不论公司如何挤眉弄眼,投机性机构法人与投资顾问因此得到比以投资为导向的散户更多的内线,这实在是一种堕落的行为。 不幸的是,这在华尔街和美国企业间广受欢迎。

——2000 年巴菲特致股东函

背景分析

EBITDA 正是后来以安然公司为代表的会计大丑闻的主要缔造者之一,大量的造假行为都是用这种含混不清的会计法则来掩盖潜在的成本甚至是损失的。

行动指南

巴菲特总是用看似普通的常识避开一个又一个陷阱。投资者的常识就是最大的武器。

10 月 6 日 衍生品就是对赌

对于衍生性金融商品以及其他附带和交易,查理和我的看法完全一致,我们认为不论是对参与交易的双方还是整个经济体系而言,它们都像是一颗颗定时炸弹!

除非衍生性金融商品交易有质押担保或是附带保证,否则其最终的价值还必须取

---

① 美国小孩相信牙齿掉时,只要把牙齿藏在枕头底下,牙齿仙女就会拿钱来换你的牙齿。——编者注

决于交易双方的履约能力。 虽然在交易正式结算之前,交易双方都会随时在各自的损益表上记录盈亏——且其金额通常都相当庞大——即使实际上还没有任何一块钱进行转移。

只要是人(或者有时应该说是疯狂的人)想得到的,都可以被列为衍生性金融商品交易的标的。 举例来说,当初在安然就有新闻及宽频衍生性金融商品,虽然要在许多年后才会结算,但此类交易还是可以录到公司的账上;还比如说你想要签一个契约,赌内布拉斯加州 2020 年双胞胎出生的数目,没有问题,只要你肯出价,保证你一定找得到人跟你对赌。

——2002 年巴菲特致股东函

背景分析

所谓衍生性金融商品,其解释相当宽泛,这类交易工具会使得财富在未来的一段时间内进行易手,其金额决定于某个或数个关键指标,包含利率、股价或汇率等。举例来说,假设你做多或做空标准普尔 500 指数期权,等于你已经参与了一项非常简单的衍生性金融商品交易。你的赚赔取决于指数的变动,衍生性金融商品的期间长短不一(有时甚至可能超过 20 年以上),其价值的变化则系于许多变量。

行动指南

衍生品本身并不是罪恶,但是其复杂多变的特质,以及经常以两方或多方对赌形式呈现出来的财富转移方式,令其很容易成为疯狂放大风险的赌徒的工具,投资者需慎之又慎。

10 月 7 日 美元资产的大问题

我 16 个月以前在《财富》杂志刊登的一篇文章当中就曾警告:持续贬值的美元并不能解决问题,到目前为止,确是如此。 然而,政府官员却依然希望经济能够软着陆,同时敦促本国人省着点花钱。 在我看来,这些建言都没有切中要点,除非贸易政策大幅改弦更张或美元大幅贬值到惊天动地的程度,否则根深蒂固的结构性失衡问题仍将持续困扰金融市场的运作。

赞成维持现状的支持者喜欢引用亚当·斯密的话说,如果每个家庭的做法都正确无误,那么整个国家的方向就错不了;如果外国人能够生产出比我们便宜的东西,那当然是用我们自家产出较具竞争优势的东西拿来做交换。

我同意这点,但是请注意,斯密的说法,指的是以物易物,而不是拿家产来做交换,尤其是当我们一年要典当 600 亿美元的资产时。 同时,我相信他同样也不赞同家人以变卖资产的方式来弥补过度消费的缺口,然而很不幸,这正是当今最伟大的国家——美利坚合众国正在做的事。

……

我们这种挥金如土的行为不可能无限制地持续下去,虽然很难预估这样的贸易问题未来将如何收尾,但可以肯定的是,绝对不可能是依靠美元对其他货币大幅升值的结局。

——2004 年巴菲特致股东函

背景分析

巴菲特认为自己决定购入外汇资产的做法很可能显得不合时宜,甚至遭到其他"旅鼠"的耻笑。不过假如他会因此改变自己认为正确的做法,他就不是巴菲特了。

行动指南

要成为一个优秀的投资者,没有特立独行的品格,没有"虽千万人吾往矣"的决心,是不可能走通这条漫长而崎岖之路的。

10月8日 "依鬼话结算"

再保险业与衍生性金融商品交易的另一个共同特点就是两者的账面盈余通常都有过度被高估的情况,这是由于目前的盈余大多系于许多未来的变量,而其正确性却需要很多年后才能揭晓。

但错误瞒得了人,却骗不了自己,其所反映的不过是人们对于他人的承诺,总是倾向于采取乐观看法的现象,而且交易的双方有极大的动机在会计账务上做手脚。 因为这些负责买卖衍生性金融商品的人士,其报酬(全部或部分)往往取决于依市价结算的账面盈余,但现实的状况是那个市场根本就不存在,所以取而代之的是"依公式结算"。

这种替代性的做法有极大的漏洞。 在通常状况下,由于合约牵涉多个变量,再加上结算日期的遥远,使得交易双方无形中增加了许多引用不实假设的机会;订立合约的双方可能使用截然不同的公式,使得交易双方连续好几年同时享受巨额的账面获利。 在最夸张的状况下,所谓的"依公式结算"极可能堕落为"依鬼话结算"。

——2002 年巴菲特致股东函

背景分析

金融衍生品合约之所以会造成"次贷危机",主要原因就是所有的参与者表面上都很清楚这些合约的价值,故敢于放大杠杆到骇人的倍数来操作,但它们的真实价值是复杂可变的。一旦发生系统性风险,原来的所有假设都无法成立,则所有的"蜜糖"都变成了"砒霜"。

行动指南

投资的根本基础在于对价值的判断,也就是常说的"估值"。投资要成功,估值必须准,而且这个标准不能变,不能含糊,若看不懂合约就敢杀进去,那就是"神风投资敢死队"了。

10月9日 危机! 危机!

我之所以每年都细述有关衍生交易的经历,主要基于两个原因:一个是让我感觉相当不快的个人原因。 严酷的事实是由于我没有马上采取行动结束衍生交易业务导致股东们损失大笔金钱。 在收购 Gen Re 时我和查理都知道这是一个麻烦的问题,并且告诉这家公司的管理层我们想尽快从这项业务中脱身,但我想不伤毫发地脱身的努力以失败而告终。 与此同时,我们进行了更多的交易,都怪我优柔寡断犯下大错(芒格称之为"吮拇指癖")。 当一个问题发生时,不管是生活中还是商业中,行动的最佳时机是马上行动。

第二个原因是希望我们的经历能够对经理人、审计师、监管层有所启发。 在某种意义上,我们是一只刚刚从这一商业煤矿坑逃离的百灵鸟,有义务为大家敲响警钟。 全球衍生交易合约的数量和价值继续不断攀升,现在已经是上一次金融危机爆发的 1998 年的数倍之多。

——2005 年巴菲特致股东函

背景分析

尽管巴菲特想从金融衍生品业务中尽快脱身,却依然被纠缠得七荤八素,他开始想出售这一业务,但是这一努力失败了,因为对于那些将要持续几十年的债务迷宫来说,根本不存在任何真正的解脱之道。巴菲特说他第一次感到如此不安,因为问题一旦爆发后果不堪设想。更为甚之,一旦发生严重的问题,它将在金融市场上引发其他连锁反应。

后来,这宗债务迷宫果然引发了连锁反应,不过幸好不是"通用再保险",而是"雷曼兄弟"。而危机的规模也果然是上一次金融危机爆发的数倍之多!

行动指南

看不懂的生意、搞不清的估值就不要去做。有不懂的事并不可耻,毕竟连"股神"都承认他看不懂衍生品估值模型,如果硬着头皮大干快上,一定会自取其辱。

10 月 10 日 坚持己见

不要期望我们的证券投资组合会出现什么奇迹。 尽管我们主要持股一些实力强大且赢利能力很高的企业,但它们的股价根本谈不上便宜。 作为一个整体,它们可能会在十年后价值翻番。 一种可能性是下一个十年它们的每股收益总体上每年将增长 6%~8%,其股价将或多或少地与每股收益的增长相近。 当然这些公司的经理人会认为我的预期过于保守了,我希望他们是对的。

——2005 年巴菲特致股东函

背景分析

2005年,伯克希尔·哈撒韦的投资组合由于公司事件而发生了两个变化:吉列并入宝洁,美国运通将阿默普莱斯金融(Ameriprise Financial)分拆上市。另外,它大幅增持了富国银行的股票,同时在安海斯-布希①和沃尔玛公司股票上建仓。

从2000年美国网络科技股泡沫破灭起,已经5年不出手的"股神"开始行动了。1999年,伯克希尔·哈撒韦收益率仅有0.5%,而当年美国股市大涨21%,巴菲特严重落后于市场20.5%,为历史最差业绩。但2000年美国股市大跌9.1%,巴菲特却赢利6.5%,超过指数15.6%,人们不得不重新对"股神"投以敬佩的目光。2002年标准普尔500指数大跌22%,巴菲特却赢利10%,超越指数32%,人们又开始欢呼"股神"的名字,继续对巴菲特顶礼膜拜。

行动指南

在残酷而现实的资本市场,纵然是堂堂老"股神"也经常受到质疑和嘲笑,但是唯有坚持自己的信念和系统,才能长期战胜市场群氓。

10月13日 脱离泡沫

你们应该还记得2003年的时候,硅谷很流行一个车贴:"上帝,请再给一次泡沫吧。"很不幸,这个愿望很快就被满足了。几乎所有的美国人都开始相信房价会永远上涨。这种迷信让贷款者对借款者的资产负债表示不再感兴趣,他们只是不断地把钱借给别人,相信房价上涨可以解决一切。今天,我们的国家所经历的不断蔓延着的苦痛,正是这种错误的自信造成的。

一旦房价下跌,大量愚蠢的错误很快就暴露无遗。只有在退潮后才知道谁在裸体游泳——我们一直关注的那些最大的金融机构,其景象可谓惨不忍睹。

——2007年巴菲特致股东函

---

① 安海斯-布希(Anheuser-Busch,简称A-B公司)创立于1852年,总部位于美国密苏里州路易斯市,旗下拥有世界最大的啤酒酿造公司和美国第二大铝制啤酒罐制造厂等。百威啤酒即由该公司出产。——编者注

背景分析

巴菲特言犹未落,"次贷危机"便大规模爆发,人们发现原来整个美国都在裸泳!

行动指南

与其指望泡沫持续,不如从一开始就不为所动。

10 月 14 日　土地价格问题

在不动产领域,我们鲜有令人激动的发现。看到一些特大型地产公司,有些人可能会有些迷惑,我试着不冒犯在座的各位,在这里举一个例子:得克萨斯太平洋土地基金,这个有着百年历史的公司,在得克萨斯州有着几百万公顷的土地,每年卖掉1%的土地,并以此为基准,得出一个比市场行情高得多的估价。我认为,如果你是土地的拥有者,那样的估价是毫无道理的。你不可能交易50%甚至20%的土地,这比流动性很差的股票还要差得多。

我认为对许多不动产公司的估价都是愚蠢的,都是那些不曾拥有土地的人或是想卖出大量土地套现的人的伎俩。

——1998年巴菲特在佛罗里达大学商学院的演讲

背景分析

对公司资产的估值问题一直是令人困惑的,尤其是关于土地方面的,因为理论上一个被市场广泛接受的价格就是合理的,但实际上如果根本卖不出去就毫无意义。

行动指南

巴菲特早年也使用过所谓"雪茄烟蒂"的投资法,比如他买下伯克希尔·哈撒韦纺织厂就是认为该厂资产比账面价值大很多,但他过了很久才明白,这些资产只是包袱,若要卖出,市场上根本没有接盘者的影子。只有持续有大量现金流入的资产才有意义。

10 月 15 日 信息不对称

　　我实在不了解为什么有些买主会相信卖方提出的预估数字,查理和我连看都懒得看它们一眼。 我们一再谨记一位拥有跛脚马主人的故事,他牵着病马去给兽医看:"你可以帮帮我吗? 我实在是搞不懂为什么这匹马的表现时好时坏。"兽医的回答正中要害: "没问题,趁它表现正常的时候,赶快把它卖掉。"在并购世界中,这样的"跛脚马"往往被装饰成圣物到处行骗。

　　在伯克希尔·哈撒韦,我们无从了解这些有意从事并购的公司到底为什么会作出这样的举动。 与他们一样,我们也面临一个先天的问题,那就是卖方永远比买方了解内情,所以很自然,他们一定会挑选卖出的最佳时机,也就是当"跛脚马"表现得都很正常的时候。

——1995 年巴菲特致股东函

背景分析

　　尽管面对先天的信息不对称的劣势,巴菲特还是有自己的绝招来应对,其中最有力的策略是他其实没有策略!

　　伯克希尔·哈撒韦从来没有固定的并购模式,也没有一年一定要成交多少次的指标。若有以上两者,就意味着在牛市时注定会以离谱的价钱成交。在这样的心态之下,巴菲特随时可以客观地将并购案与其他潜在的几十种投资机会作比较,其中也包括经由股票市场买进部分股权。

行动指南

　　无论是投资整个公司还是买入一部分股权,通常我们都处于信息弱势方,故此必须如巴菲特所说"不看准就不挥棒"。

10月16日 追涨杀跌害死人

　　市场上有所谓专业的投资人,掌管着数以亿万计的资金,就是这些人造成市场的动荡。 他们不去研究企业下一步发展的方向,反而专门研究其他基金经理人下一步的动向。 对他们来说,股票只不过是赌博交易的筹码,就像是大富翁里的棋子一样。

　　他们的做法发展到极致,便形成所谓的投资组合保险,一种在 1986—1987 年间广为基金经理人所接受的策略。 这种策略只不过是像投机者停损单一样,当投资组合或是类似指数期货价格下跌时就必须处分持股,这种策略使得股市只要下跌到一定程度便涌出一大堆卖单。 根据一份研究报告显示:有高达 600 亿～900 亿美元的股票投资在 1987 年 10 月中面临一触即发的险境。

——1987 年巴菲特致股东函

背景分析

　　1987 年的"黑色星期一"股灾,就是在巴菲特抨击的这种由计算机模型的主导下酝酿成灾的。

行动指南

　　有些投资理论非常奇怪但又很盛行,比如你常常会听到有"股评家"教你"在涨到多少点站稳某某线以后再买进",或者是"跌穿某某线时出局",难道买股票不应该是越便宜越好而卖得高了反而危险?

10月17日 保持乐观的心态

　　美国公司前景光明,股票也一定会表现良好,因为它们的命运是和公司的业绩联系在一起的。 周期性的困难在所难免,但是投资者和经理人处在一个由他们的喜好所影响的游戏中。 道琼斯工业指数在 20 世纪里从 66 涨到了 11497,期间经历了四次损失惨重的战争,一次大萧条和多次的衰退,最终依然蹒跚上升了 17320%。 而且不要忘了,投资者还收到了不少的分红。

因为这个游戏是如此的诱人,查理和我认为尝试依据塔罗牌的排列、"专家"的预测,或者商业周期进进出出是一个巨大的错误。 错过这个游戏的风险比待在里面要大得多。

——2013 年巴菲特致股东函

背景分析

巴菲特一直把自己的成功和对美国的长期乐观挂上钩,他出生在大萧条时期,经历多次战争和金融危机的考验,始终坚定做多美国价值观的公司,终于成为世界级巨富。

他把短期危机中捡到便宜货视为自己成功的主要法宝。

行动指南

投资的成败和长期乐观的心态是分不开的,假如你经常处于焦虑情绪下,又没有索罗斯那样的通天手段,可能就不适合做一名投资者了。

10 月 20 日 零息债券

就像是华尔街经常会发生的,不管什么好东西到最后都会变质,最近几年来零息债券以及功能类似的实物支付(pay in kind)债券,有一大部分是垃圾债券等级。 对于这些发行公司来说,零息债券有一个很大的好处,就是因为在它发行后直到到期日前发行公司根本就不必付出任何资金,所以根本就没有无法偿付的情况。

这原则实在是管用,你大可以正经八百地说你一定不会还不出钱,原因是你有很长一段时间可以不必支付一毛钱,直到支持者与投资银行家再发明出更刺激的融资方式,不过债权人也要花很长一段时间才能支持这种做法。 融资并购热开始风行的几年之前,投资者只能借到一点钱,因为债权人会保守地估计其未来的现金流量必须要能够确保未来的利息支出与本金的支付。

之后随着买价持续飙高,使得所有的预估现金流量都必须被分配用来支付利息:至于本金的部分,根本就不在预计偿付范围之内。 接着,贷款者对于本金偿还的态度就变得像乱世佳人中的斯嘉丽一样:"管他的,明天再说吧!"更离谱的是,偏偏就有借钱者愿意吃这一套,那就是专门买垃圾债券的投资者,债务从此以后只要再融资即可,根本就不用考虑要偿还。

——1989 年巴菲特致股东函

背景分析

20 世纪 80 年代末的华尔街银行家的创意就很充沛了,比如说他们能从标准的政府债券中分拆出零息债券。但是正如巴菲特讲的,华尔街总是会把好事弄变质,后来一系列打包再分割出售次贷证券的做法正是从这里起步的。

行动指南

价值与价格背离的交易总是会被最终清算,不管缔造出这种交易模式的人的力量有多强大。

10 月 21 日 投行的 "创新"

很快,其他借款人又找到更新、更宽松的约束方式,为了拐骗金主借钱来从事更离谱的交易,这群人又引进了一个新名词叫做"扣除折旧、利息与税负前的盈余"即"EBITDA",来衡量一家公司偿债的能力,利用这种较低的标准,借款人故意忽略了折旧也是一种费用,虽然它不会马上有现金的支出。

这样的态度摆明了就是掩耳盗铃。 95％的美国企业,长期而言其资本支出大概与平时提列的累积折旧费用相当,所花的每一分钱都与日常的劳工薪资或水电成本一样实在,即使是中学的中辍生也知道养一台车子不只是要负担利息与日常油费保养费用,还必须精确地考量到每月实际摊销的折旧,若是他跑到银行摆出 EBITDA 这一套说法,保证一下子就会被轰出来。

——1989 年巴菲特致股东函

背景分析

在这种标准之下,一家公司假设税前有1亿美元的获利,同时最近一年有9000万美元的利息支出,就大可以运用零息债券来额外负担6000万美元(只要记账却无须马上支付利息与本金),而这种债券的利率通常非常高。到了第二年,公司可能要承担9000万美元的付现息与6900万美元的记账息。之后随着复利记账息持续增加,这种高利率的融资计划在刚开始几年还能得到有效控制,但不久之后就变成所有大型投资银行必备的推荐给客户的标准融资工具。

行动指南

利用这种会计把戏,20世纪90年代末到21世纪初,美国完成了大量不可思议的企业上市以及并购计划,最终这些企业几乎都无一例外地因为沉重的债务负担而宣告失败。面对投行的"创新",投资者千万要谨慎。

10月22日　弄清风险系数

零息债券还有一项特点使得支持者与银行家更愿意推行,就是东窗事发的时间可以再延长,这点可是相当重要。如果交易所衍生的后果要很长一段时间才会浮现,支持者就可以在这段期间做更多的交易,从中赚取更多的手续费。

不过到最后,不管是冶金的或是财务上的,"炼金术"终究是会落空。一个烂公司不可能只靠着会计或财务技巧而摇身一变成为好公司,那个宣称会"炼金术"的财务专业人士或许会发大财,但他靠的却是容易上当的投资人而不是企业经营。

我们的建议是当任何投资银行家在开始提到EBITDA之前,或是任何人在对你提议一项可以不必支付任何利息的金融工具时,为了你自己的现金流量着想,赶快把你的荷包看紧,换个角度建议这些推销者接受等这些零息债券真正偿还本金之后再缴交手续费的方式,看看这些人的热情还能支撑多久。

——1989年巴菲特致股东函

背景分析

事实上巴菲特自己也投资了一些零息债券,他认为就本质而言,没有一项财务工具是不对的,只是有一些含有相当高程度的可能伤害在里面,所有的罪过应该归咎于债券发行者没有办法在现在就立即支付利息,因而若对企业的真实状况很了解,也可以投资这种债券。

事情演变到后来,这种债券被再次打包分割再证券化出售,则谁也没办法搞清其中的风险程度了,故此巴菲特从 2002 年起不再投资这种产品。

行动指南

世界上没有绝对能买或不能买的东西,关键是你能否洞察它的本质。

10月23日 惜股胜金

对于发行新股我们有相当严格的规定,那就是除非我们确信所收到的价值与我们付出的一致时,我们才会考虑这样做。 当然,同等的价值不是那么容易达到的,因为我们一向自视甚高。 不过那又如何,除非确定公司股东的财富也会增加,否则我们不会随便扩大规模。

大家要知道这两个目的不一定就会自然吻合,事实上在我们过去所举过的例子中,有些就是看起来有趣但却是让价值受到减损的经验。 在那次经验中,我们在一家银行有相当大的投资,而银行经理人对于扩张却有极度偏好。 当我们投资的银行在追求另外一家较小的银行时,对方开出的价码是以其净值与获利能力作为基础的两倍,当时我们的经理人因为正在热头上,所以很快就答应了。 这时对方又得寸进尺开出另外一项条件,他说:"你必须答应我,在整个并购案完成后,我可以变成公司最大的股东,同时以后你也不能再做类似这次交易这么愚蠢的并购案"。

——1992 年巴菲特致股东函

背景分析

伯克希尔·哈撒韦 1992 年流通在外股数为 1152547 股,相较于 1964 年 10 月 1 日巴菲特合伙取得伯克希尔·哈撒韦控制权时的 1137778 股来说,增加的股数实属有限。巴菲特堪称"惜股胜金"。

行动指南

也许是我的偏见,在中国内地 A 股市场中频频增发新股购买资产的案例中,如果是一个实际控制人底下的资产整合,通常都是变相的"巧取豪夺",偏偏股价还总是能爆炒一阵,最后留下一堆在高位深套苦苦挣扎的人。

10 月 24 日 期权的成本很高

经理人在思索会计原则时,一定要谨记林肯总统最常讲的一句俚语:"如果一只狗连尾巴也算在内的话,总共有几条腿? 答案还是四条腿,因为不论你是不是把尾巴当作一条腿,尾巴永远还是尾巴!"这句话提醒经理人,就算会计师愿意帮你证明尾巴也算是一条腿,你也不会因此多了一条腿。

提到公司主管与会计师的鸵鸟心态,最极端的例子就是发行期权这档子事。 几十年来,企业界不断地向会计原则制定者发起攻击,意图将发行认股权的相关成本排除在企业的损益表之外。

……

公司股东们必须了解当公司将某些有价值的东西交给别人,实际上就已经发生成本了,而不是等到现金付出去时才算。 还有一点,如果有人说付出的实在是难以准确衡量,因此就可以无须认列成本,这实在是既愚蠢又让人啼笑皆非的说法。 会计这档子事本来就充满不确定性,何况产险业的损失估计更是有名的不准。

——1992 年巴菲特致股东函

背景分析

从 20 世纪 90 年代开始,期权就成为美国公司治理和管理层激励的利器,而且似乎有"包治百病"的功能,这种趋势到 20 世纪末在"网络股泡沫"中达到了顶点,并最终酿成大事件。巴菲特则早早指出,期权并不能令经理人跟股东利益一致,只会令他们大占便宜。

行动指南

从华尔街的迷失到国内很多不当期权激励的事件,股东们的利益都遭到了严重损害,投资者在做企业分析时切不可忽视这个因素。

10月27日 财务健全

在去年年报中我们曾经提到许多保险公司因投资不当使其公司财务变得很不健全,迫使它们放弃原有承保原则,不惜低价承接保单以维持既有流动性。 账上持有不合理高估债券的同业,为了现金周转而以明显不合理的低价大量卖出保单,他们害怕保单收入的减少更甚于核保所可能增加的损失。

不幸的是,所有同业皆因此受到波及,因为你的价格不可能与竞争同业差得太远,这种压力未曾稍减,迫使愈来愈多的同业跟进,大家盲目追求量的成长而非质的增加,同时又害怕失去的市场占有率永远无法回复。

即使大家一致认同费率极不合理,我们也认为没有一家保险业者在能够承受现金极度流出的情况下不接任何保单。 只要这种心态存在,保单价格将持续面临调降压力。

——1981 年巴菲特致股东函

背景分析

虽然面临持续恶化的未来,伯克希尔·哈撒韦的保险事业仍坚定地维持宁可低保单也不降价恶性竞争的现状,它的财务实力使自己能保持最大的弹性,这在同业间并不多见。这种策略也使得后来同业者的财务状况无法持续经营时,伯克希尔·哈撒韦再次赶到了前头并越来越领先。

行动指南

投资首要的任务是建立自身的财务模型,这个模型必须健全而可持续发展,不能因为一时的诱惑或者压力轻易改变,如此长期积累才能令财务健康度不断提升。

10 月 28 日 ## 钱的价值来自于比较

基于某些理由,管理当局往往偏好将盈余予以保留以扩大个人的企业版图,同时使公司的财务更为优越。 但我们仍然相信,将盈余保留只有一个理由,亦即所保留的每一块钱能发挥更大的效益,且必须要有过去的成绩佐证或是对未来有精辟的分析,确定要能够产生大于一般股东自行运用所生的效益。

——1984 年巴菲特致股东函

背景分析

让我们看一个例子来说明上面的话。假设有一个股东持有一种 10% 无风险永久债券,这种债券有一个特色,那就是投资人每年有权可选择领取 10% 的债息或将此 10% 继续买进同类型的债券;假设其中有一年当时长期无风险利率为 5%,则投资人应当不会笨到选择领取现金而会将之继续买进同类型的债券,因为后者能够产生更高的价值。事实上若他真的需要现金的话,他大可以在买进债券后在市场上以更高的价格抛售变现;换句话说,若市场上的投资人够聪明的话,是没有人会选择直接领取现金债息的。

相反,若当时的市场利率是 15%,则情况将完全相反,没有人会笨到要去投资 10% 的债券,即使他手上的闲钱真的太多,他也会先选择领取现金之后再到市场上以较低的价格买进相同的债券。

同样的道理也可以运用在股东思考公司的盈余是否应该发放的问题之上。

行动指南

计算静态收益率是几乎没有任何实际意义的事情，重要的是获利与市场基准水平哪个高。

10月29日 自由现金流

"现金流量"的观念，确实可以适用某些比如不动产或是初期需要投入大量资本支出而后仅需负担少量维修的产业之上，具体的例子包含桥梁兴建或是某些蕴藏丰富的天然气油田等。但另一方面，"现金流量"却不能适用于某些零售、制造、采矿及公用事业之上，因为其必须持续投入的此项金额相当巨大。这些产业有时可以稍微忍住一两年不做重大的投资，但就5～10年长期来看，它们就不得不这样做，否则企业的根基就会被侵蚀。

为什么现在"现金流量"会变得如此流行呢？在回答此问题前，我们必须承认我们存在某些偏见，我们认为这些数字通常都是那些专门推销股票及公司的人，企图要将一些烂公司粉饰包装出售所用的手法。当一般公认会计原则的盈余看起来不足以支应往后的债务所需或是过高的股票价格时，这些业务员自然就会将主意摆在这个比较好看的数字上头。

——1986年巴菲特致股东函

背景分析

巴菲特一直注重对"现金流量"的考核，他认为报表上的现金流并非企业真正可用的现金，只有扣除了必需的资本开支后的"自由现金流量"才是有意义的。

行动指南

股票估值中常用"现金流量贴现模型"，这时候请注意要使用"自由现金流量"才能得到准确的估值。

10 月 30 日　远离长期固定利率

讽刺的是，某些产物保险公司有鉴于通货膨胀高涨，决定将原本一年期的保单缩短为半年期，因为他们认为实在是无法去衡量未来的 12 个月内医疗成本、汽车零件价格会是多少。 荒谬的是，他们在收到保费之后，一转身却将刚收到的保费，拿去购买以三四十年为期的固定利率债券。

长期债券是当前通货膨胀高涨的环境下唯一还存在的长期固定价格合约，合约的买家可以轻易地锁定 1980—2020 年每年使用这笔钱固定必须支付的价格。 相较之下，其他诸如汽车保险、医疗服务、新闻信息、办公空间或是其他任何产品服务，如果他要求在未来 5 年内给予一个固定报价，肯定会被别人笑掉大牙。 在其他商业领域中，只要是签订长期合约，合约的任何一方通常都会要求适时反映价格或是坚持每年必须重新审议合约。

然而在债券的领域却存在有文化落差，不必指望买家(借款人)以及中介(承销商)会提出合理性的怀疑，至于卖家(债权人)即便历经经济与合约变革也依旧浑然不觉。

——1979 年巴菲特致股东函

背景分析

基于保险运营所需，伯克希尔·哈撒韦也必须持有大量的债券或固定收益仓位，但巴菲特在固定收益方面的投资多属具转换权的债券；也由于具有转换权，使得这些债券实际发行的时间比其票面的到期日要短得多，因为在到期前，依合约规定伯克希尔·哈撒韦可以要求将其转换为股份。

行动指南

投资者的一个必要的"信念"就是：长期而言，通货膨胀必然肆虐，钱必然越来越不值钱，故此大量长期投资那些利率固定的类现金资产(如长期定期存款、国债等)，基本上都是得不偿失的。

10 月 31 日 CEO 的贪婪时代

在 1993 年的年报中,我也曾说过董事的另外一项责任:"要是能干的经营阶层过于贪心,不时地想要从股东的口袋里捞钱,董事会就必须适时地出手制止并给予警告。"只可惜自从那以后,尽管经理人掏空口袋的行为司空见惯,但却不见有人出面制止。

为何一向英明且睿智的董事们会如此惨败呢? 其实问题并不在法律层面,董事会本来就应该以捍卫股东利益为最高职责,我认为真正的症结在于所谓的"董事会习性"。

举例来说,通常在充满和谐气氛的董事会议上,几乎不可能讨论到是否应该撤换 CEO 这类严肃的话题。 同样,董事也不可能笨到会去质疑已经由 CEO 大力背书的并购案,尤其是当列席的内部幕僚与外部顾问一致地支持他的英明决策时(他们若不支持的话,可能早就被赶出去了)。 最后当薪资报酬委员会(通常布满了支领高薪的顾问)报告将给予 CEO 大量的认股权时,任何提出保留意见的董事,通常会被视为像是在宴会上打嗝一样失礼。

——2002 年巴菲特致股东函

背景分析

巴菲特是在分析"安然事件"以及跟它一起灭亡的安达信会计师事务所的问题时指出以上问题的。十几年前,安达信会计师事务所出具的意见可以说是业界的金字招牌,在事务所内部,由一群精英组成的专业准则小组(PSG),不管面对来自客户多少的压力,仍坚持财务报表必须诚实编制。为了坚持这项原则,专业准则小组在 1992 年坚持期权本来就应该列为费用的立场。然而不久之后,专业准则小组在另一群安达信的合伙人的推动下,对此立场做了 180 度的转变。他们相当清楚,如果这些高额期权成本如实反映在公司账上的话,就很可能被取消,而这些企业的 CEO 就会拂袖而去。

行动指南

　　自从现代企业制度理论诞生以来,人们往往把"制度"看得重于一切。没错,好的管理制度是很重要,但是再好的制度亦有漏洞。

十一月 ｜ 资本魔力

MON	TUE	WED	THU	FRI	SAT	SUN
					1 初九	**2** 初十
3 十一	**4** 十二	**5** 十三	**6** 十四	**7** 立冬	**8** 十六	**9** 十七
10 十八	**11** 十九	**12** 二十	**13** 廿一	**14** 廿二	**15** 廿三	**16** 廿四
17 廿五	**18** 廿六	**19** 廿七	**20** 廿八	**21** 廿九	**22** 小雪	**23** 初二
24 初三	**25** 初四	**26** 初五	**27** 初六	**28** 初七	**29** 初八	**30** 初九

11月3日 权益认列

当一家公司拥有另一家公司部分股权时,在会计上通常有三种方式来处理投资公司在被投资公司所拥有的权益,其中所持有的股权多寡将决定公司采用何种方式。

一般公认会计原则规定,若持有股权比例超过50%(除了少数例外,就像我们先前持有的银行股份),则投资公司必须完全合并该被投资公司,包含营收、费用、所得税与盈余等在内的所有会计科目。

若是持有股权比例介于20%～50%,则在投资公司的账上仅记录一个分录,将被投资公司依股权比例所认列的投资损失或利益予以入账。因此,如果A公司拥有B公司1/3的股权,则不论B公司是否将年度盈余全数发放,A公司都必须依比例认列投资利益。

若是持股比例低于20%,则依照会计原则,投资公司仅能认列被投资公司实际发放的股利部分,至于保留而不发放的那部分盈余则不予理会。

——1980年巴菲特致股东函

背景分析

巴菲特之所以给股东们上了堂稍微简单的会计课,是因为伯克希尔·哈撒韦将发展的重点集中于保险事业,使得其资源大量集中投注于第三类的股权投资(亦即持股比例小于20%)之上,这些被投资公司仅将它们所赚的盈余分配一小部分,以现金股利的方式分配,这代表其获利能力仅有一小部分呈现在公司的账面上,但就经济实质面来说,那只是实际获利的冰山一角。

行动指南

用买下整家公司的想法来购买一部分股权,正是巴菲特一贯的投资秘诀。

11月4日 盈余评价体系

去年长期债券利率超过16%,而免税公债约为14%,这些收入直接落入投资人的口袋。 在此同时,美国企业的股东权益报酬率却只有14%,而且尚未考量落入投资人口袋前所需支付的税负。

以1981年的标准而言,投资一家美国公司一美元所产生的经济价值还低于一美元。 假设投资人是适用于50%税率级距,而公司把所有盈余皆发放出去,则股东的投资报酬率约等于投资7%的免税债券。 这种情况若一直持续下去,投资人等于是套牢在一堆长期7%的免税债券里一样,而它真正的价值可能连其原始投资额的一半还不到。

如果把所有盈余都保留起来,而报酬率维持不变,则盈余每年会以14%的速度增加; 又假设市盈率不变,则公司的股价每年也会以14%的比例增加,但增加的部分却不算是已落入股东的口袋,因为收回去的话需要付最高约20%的资本利得税。 所以不管怎么说,还是比最基本的免税公债14%低。

因此,除非基本报酬率降低,否则即使公司盈余每年以14%成长,对从未能收到半毛钱股利的投资人而言等于是一无所获。

——1981年巴菲特致股东函

背景分析

当时多数的美国公司都把大部分的盈余分配出去,所以算是介于上述两个极端的例子之间,而大部分的美国公司税后投资报酬率却都比投资免税债券低。

行动指南

企业的估值水平应该在多少倍市盈率才是合适的,巴菲特提供了一个很好的判断标准,那就是企业保留全部盈余后的赢利规模增速要跑赢长期债券利率,投资者才算获利,否则买股票还不如买债券。

11月5日 会计数字是起点而非终点

我们比较认同将所有未分配盈余皆计入而不管持股比例的经济盈余概念。我们认为一家公司其所赚得的盈余对股东的价值在于公司是否将其运用在有效的用途之上，反而跟分配与否或是持股比例多寡无关。

如果你拥有伯克希尔·哈撒韦万分之一的股权，在过去十几年来你一定拥有并实际感受到公司盈余的成长，不管你采用的是何种会计原则。同样，你也可能百分百拥有一家资本密集型的公司，即使每年皆能完全认列公司的损益，却可能丝毫感受不到实质经济利益成长的喜悦。

这不是在批评会计原则，事实上我们也没有能力再建立一套更好的制度，我们只是要告诉所有的经营阶层与投资大众，会计数字只是企业评价的起点而非终点。

——1982 年巴菲特致股东函

背景分析

在 1981 年的年报中，巴菲特曾预测 4 个主要不具控制权的股权投资，依持股比例可分得的未分配盈余高达 3500 万美元，而 1982 年在其中三个持股比例未变（包括盖可保险、通用食品与《华盛顿邮报》），另一家 R. J. 雷诺兹烟草大幅增加的情况下，可分得的未分配盈余将超过 4000 万美元，但这个数字完全未显现在账上。

行动指南

投资者可以给自己也做一本会计账，按照企业年度盈利数字（不是分红数字）计算每年的期初净资本收益率（即盈利除以最初投入的资本），来监视自己的投资是否合理。

11月6日 账面价值与实质价值

在现有经营阶层过去19年的任期内,伯克希尔·哈撒韦的账面价值由19美元增加到975美元,约以22.6%年复合增长率增长。 考量到我们现有的规模,未来可能无法支持这么高的增长率,不信的人最好选择去当业务员而非数学家。

我们之所以选择账面价值(虽然不是所有情况皆如此),是因为它是衡量实质价值增长(这是真正重要的)的一种保守但合理的替代方式,它的好处是很容易计算且不牵涉主观衡量实质价值,但仍需强调这两者事实上具有截然不同的意义。

账面价值是会计名词,是记录资本与累积盈余的财务投入;实质价值则是经济名词,是估计未来现金流入的折现值。 账面价值能够告诉你已经投入的,实质价值则是预计你能从中获得的。

——1983年巴菲特致股东函

背景分析

伯克希尔·哈撒韦的实质价值早已大幅超越账面价值,主要原因有两点:

第一,标准会计原则要求伯克希尔·哈撒韦的保险子公司所持有的股票以市价记录于账面上,但其他公司部分却以成本与市价孰低法计算。截至1983年年底,后者的市价超过账面价值有税前7000万美元或税后5000万美元之多,超过的部分属于实质价值的一部分,但不包含在计算账面价值之内。

第二,更重要的是,伯克希尔·哈撒韦所拥有的几家企业具有庞大的经济商誉,而且这些商誉远大于记载在账上的商誉。

行动指南

买股票之前你一定要明白,你付出的是账面价值,得到的是实质价值,故前者越小越好,后者越大越好,这就是巴菲特希望股票越便宜越好的原因。

11月7日 高标准

如同我们去年曾提过的,真正重要的是每股实质价值的成长率,不过由于这涉及太多主观意见而难以计算,所以我们改以账面价值来代替。 我个人认为,在1984年实质价值与账面价值增加的程度相当。

过去我曾从学术角度跟各位提到暴增的资本将会拖累资本报酬率,今年我将改用新闻报道的方式跟各位报告。 过去动辄22%的成长率已成历史,在往后10年我们至少要赚到39亿美元,每年才能以15%成长(假设我们仍维持目前的股利政策)。 想要顺利完成目标,必须要有一些极棒的点子。 可惜我跟我的执行合伙人查理目前并无任何够棒的点子,不过我们的经验是有时它会突然冒出来。

——1984年巴菲特致股东函

背景分析

1984年伯克希尔·哈撒韦的净值约增加了1.5亿美元,每股约等于133美元,这个数字看起来似乎还不错,不过若考虑所投入的资金,事实上只能算普通。20年来,伯克希尔·哈撒韦的净值约以22.1%的年复合成长率增加,不过1984年只有13.6%。

行动指南

笔者认为,对一般中小投资者来说,在进入股市前有必要先制定一个合乎自身能力的赢利目标。对30岁以内的投资者来说,可以以5年、10年为期制定一个短期目标,然后以10~30年制定一个中期目标,以30年以上为期制定一个永续增值目标。收益率不能胡乱估测,而是要根据各个时期的资金成本来制作一个现金流贴现模型。

11月10日 难!

现在股市中缺乏合适的投资机会,我们已无法为我们的保险事业投资组合找到价值被低估的股票。 这种情况与 10 年前有 180 度的转变,当时唯一的问题是该挑哪一个便宜货。

市场的转变也对我们现有的投资组合产生不利的影响。 在 1974 年的年报中,我可以说"我们认为在投资组合中有几只重要个股具有大幅成长的潜力",但现在这样的话我们却说不出口。 虽然我们保险公司的主要投资组合中,有许多公司如同过去一样拥有优秀经营团队以及竞争优势,但目前市场上的股价已充分反映这个特点,这代表今后我们保险公司的投资绩效再也无法像过去那样优异。

第二项负面因素更显而易见,那就是我们的规模。 目前我们在股市投入的资金是 20 年前的 20 倍,而市场的铁则是成长终将拖累竞争的优势。 看看那些高报酬率的公司,一旦当它们掌控的资金超过 10 亿美元,没有一家在往后的 10 年能够靠再投资维持 20％以上的报酬率,顶多仅能依赖大量配息或买回自家股份来维持,理论上转投资能为股东带来更大的利益,但实际上公司就是很难找到理想的投资机会。

——1985 年巴菲特致股东函

背景分析

1985 年伯克希尔·哈撒韦的净值增加了 6.1 亿美元,相当于增加了 48.2％,巴菲特认为这比率就好比是哈雷彗星造访一般,在他这辈子中大概再也看不到了。21 年来伯克希尔·哈撒韦每股净值从 19.46 美元增加到 1643.71 美元,约为 23.2％年复合增长率,这也是一项不可能再重现的比率。

事实却是,今后他将还要看见"哈雷彗星"几次。

行动指南

多少投资者认为一年赚个 50％不算过瘾的? 这么想的人现在正被套得过瘾吧。

11 月 11 日 资金规模问题

我们面对的主要问题还是不断增加的资金规模,先前各位也听过类似的说明,不过这个问题就好像是一个人的身体健康与年纪的关系一样,随着时间的流逝,问题也越严重。

4年前我曾告诉各位,若在未来十年,伯克希尔·哈撒韦想要每年维持15%的报酬,我们总共约要有39亿美元的获利。时至今日,这个数字暴增到103亿美元,对查理和我来说,这实在是无法承担之重。

虽然资金规模会影响到最后的投资报酬率,但同时我们也拥有另外一项以前没有的优势:过去我们大部分的资金都被绑在没有多大经济效益的纺织事业之上,如今部分资金已转移到一些相当不错的事业。

——1988年巴菲特致股东函

背景分析

虽然资金规模和赢利压力不断增加,但"七个圣徒"的事业投资仍能保证巴菲特的投资获利预期。

行动指南

巴菲特实在够执着,若一般人把企业从几千万规模做到了仅盈利就有百亿的业绩,也许早就歇手不干了。若没有此种执着和信心,也就不会诞生"股神"了。

11月12日 雨刷的作用

真正重要的还是实质价值——这个代表着组成我们企业的所有分子合理价值的数字,根据精准的远见,这个数字可由企业未来预计的现金流量(包含流进与流出),并以现行的利率予以折现,不管是马鞭的制造公司或是行动电话的业者都可以在同等地位上,据以评估其经济价值。

当伯克希尔·哈撒韦的账面价值是19.46美元时,由于主要的资产多属于纺织事业,所以实质价值大概比账面价值要少一点。但时至今日,我们企业的价值却早已较账面价值多得多,这代表着伯克希尔·哈撒韦实质价值成长的速度要比账面价值平均每年23.8%的复合成长率还要再高一些。

后视镜是一回事,雨刷则是另外一回事,我们账面价值的大部分是反映我们所持

有的有价证券,而这些有价证券除了少数的例外,又大多以市价在资产负债表上
列示。

——1989 年巴菲特致股东函

背景分析

伯克希尔·哈撒韦 1989 年的净值增加了 15.15 亿美元,较上年增加了 44.4%(哈
雷彗星果然出现了)。

行动指南

投资者若有一把好雨刷,能够从价格迷雾中透视出企业的真正价值,则一定能无
往而不利。

11 月 13 日　发行债券

大部分的债券当然需要按时支付利息,通常是每半年一次,但是零息债券却不需
要马上支付利息,而是由投资人以相当大的折价幅度在取得债券时预先扣除,实质的
利率则取决于发行的债券价格、到期面值与发行时间的长短。

这次发行的债券面额是 10000 美元,每张债券可以申请转换为 0.4515 股的伯克希
尔·哈撒韦股份。 因为每张债券的发行价大约是 4431 美元,所以代表转换为伯克希
尔·哈撒韦每股的价格大概是 9815 美元,约为现在市价 15%的溢价。

就税负的观点而言,虽然没有马上支付利息,但伯克希尔·哈撒韦每年仍可享受
5.5%利息支出的所得税扣抵。 因为减少了税负支出,所以就现金流量的角度而言,
我们每年还有现金净流入,这是一个不错的好处。 当然一些不可知的变化使我们无
法确定这次发行真正的资金成本,但不管怎样应该都低于 5.5%,而债券持有人每年还
是要支付 5.5%的利息所得税,虽然他们根本没有收到任何的现金利息收入。

——1989 年巴菲特致股东函

背景分析

1989 年 9 月,伯克希尔·哈撒韦发行了 9 亿美元的零息可转换次顺位债券,并在纽约证券交易所挂牌交易。以这次发行的债券来说,发行价是面额的 44.314%,15 年到期。对于买下这次债券的投资人,约可获得相当于 5.5% 的年报酬率,因为伯克希尔·哈撒韦只拿到 44.31 美元,到期要兑付 100 美元,所以这次扣除 950 万美元的发行费用,实得的款项是 4 亿美元。

行动指南

1989 年借债是因为当时市场狂热,利率极低,而到熊市时这笔钱正好用来抄底,体现了价值投资者的冷静和果断。牛市要抛股回笼现金,甚至借债(因为此时钱容易得来),熊市要敢于出击!

11 月 14 日 股价波动总是非理性的

1990 年成长之所以减缓,是因为我们 4 个主要的股票投资市值加总并没有多大的变动所致。 去年我曾向各位表示,虽然这些公司——大都会 ABC、可口可乐、盖可保险与《华盛顿邮报》等,拥有良好的企业体质与经营阶层,但是因为这些特点现在已广为投资大众所认同,所以促使公司股价推升到一个颇高的价位。 另外,其中两家媒体事业之后的股价又大幅滑落,原因在于该产业革命性的演进,可口可乐的股价也因为我个人相当认同而为大众所接受而大涨。 不过总的来说,目前这"四大天王"的股价,虽然不够吸引人,但比起一年以前来说要算是合理得多。

要是我们真的能够达到年增长 15% 的目标,我们的股东一定赚翻了,因为伯克希尔·哈撒韦的企业获利将会为那些买卖价格与公司实质价值一致的投资人创造相同的获利。

——1990 年巴菲特致股东函

背景分析

在理想的情况下,伯克希尔·哈撒韦所有股东的投资回报,在其拥有公司部分所有权期间,应该会与公司本身的经营成果相符,这也是巴菲特希望伯克希尔·哈撒韦的股价能与其所代表的实质价值维持一定关系的原因。

伯克希尔·哈撒韦股价也确实比大盘稳定一点,但波动依然挺大,1989年的实质价值约成长44%,股价却有85%的大涨;到了1990年,账面价值与实质价值都略微增加,但同期公司股票价格却下跌了23%。

行动指南

巴菲特多赚一点钱,市场就开始憧憬他会赚更多;他少赚一点,市场就认定他不行了。若能无视这种非理性而根据价值规律动作,无疑将走上成功之路。

11月17日 金牛企业

我们五个最大的非保险类公司,伯灵顿北方圣菲、伊斯卡、路博润、玛蒙和中美能源的运营利润都创下了历史纪录。 2011年它们总计的税前利润超90亿美元。 而在7年前,我们只拥有五家公司中的一家即中美能源,当时其年税前利润为3.93亿美元。 除非经济在2012年下滑,我们这五家卓越公司的业绩有望再创新高,利润总额将轻松超越100亿美元。 算上IBM,现在我们已拥有四家非常优秀公司的大量股份,其中美国运通占比13%,可口可乐8.8%,IBM 5.5%,富国银行7.6%。

我们将这些股份视为在伟大公司里的合伙人权益,而不是基于短期前景而收购或出售的上市证券。 这些公司的利润属于我们份额的大部分还未体现在我们公司的利润中。 但是,随着时间推移,在这些公司未分配的利润中,我们应占的部分对我们至关重要,因为这些利润将以各种方式来加以利用,增加投资对象未来的利润和分红。它们也可用来回购股票,这将提高我们在这些公司未来利润中的份额。

十年之后,我们目前持有的这四家公司股份可能为我们带来约70亿美元利润,其中包括20亿美元分红。

——2012年巴菲特致股东函

225

背景分析

2011 年伯克希尔·哈撒韦的股票账面价值增长 4.6％。过去 47 年中,即目前管理层掌管公司以来,账面价值从每股 19 美元增至 99860 美元,年复合增长率为 19.8％。这让很多人开始质疑,最近 5 年来的成绩,说明巴菲特已经从神坛上跌落。

行动指南

当公司大到一定规模后,必然从追求股价波动获利转向追求先进分红收益。所以巴菲特把目光盯向那些能长期稳定产出高现金分红,同时又不必大量追加投入资本来维持运营的公司,比如 IBM、美国运通、可口可乐以及富国银行。

巴菲特的神奇不仅仅在于他的投资分析决策,更在于他是一个不断学习不断进步的人。不局限于自己以往成功模式,而能够根据企业自身所处的不同时期来制定企业发展战略。

11 月 18 日　买新股并不合算

虽然我们在吉列特别股的投资还算成功(在 1991 年转换为普通股),但整体而言这类协议谈判所取得的特别股投资的绩效还是略逊于从次级市场所取得的投资。

原因与当初设定价格的方式有关。 次级市场时常受惠于群众愚蠢的心理,总是会有一个重新设定的全新价格,不管价格是多么离谱,那都是代表该股票或债券持有人想要出脱的价格,无论何时总会有一小部分股东会有这种念头。

至于初级发行市场则受到发行公司与大股东的掌控,通常会选择对它们最有利的时点发行,当市场状况不理想的时候,甚至会避开发行。 可以理解的是,卖方不太可能让你有任何便宜可占,不管是通过公开发行还是私下协议的方式都一样,你不可能以一半的价格买到你想要的东西。 尤其是在发行普通股时,原有股东唯有在他们认为市场价格明显过高时,才有可能大幅出脱其持股。

——1992 年巴菲特致股东函

背景分析

过去几年来,伯克希尔·哈撒韦在一级市场认购了不少股票和债券,如克莱斯勒、德士古(Texaco,美国大型石油公司之一)、时代华纳、华盛顿公共电力供应系统(WPSS)与 R. J. 雷诺兹-纳比斯科(R. J. Reynolals-Nabisco,世界第三大私营卷烟生产企业)等,都是相当赚钱的投资。不过巴菲特仍感到不满,因为如果从二级市场上购买可能会便宜,但是鉴于巨大的仓位限制,使他难以施展拳脚。

行动指南

"打新股热"现象的存在其实就反映了市场的不成熟,炒新则更是一种纯粹的投机,一个原因是巴菲特所说的大股东不会在卖新股时让别人占便宜,另一个原因是新公司财务报表资料匮乏,融资后的投向及收益情况也起伏不定,不是合适的投资。故炒新最热的时候,也就是市场非理性气氛最足的时候。

11月19日 先画准心再射箭

这是一个高难度的目标,不过也希望大家能够继续支持我们,过去我们常常批评有些管理阶层总是先把箭射出去后再画上准心,不管这箭射得有多歪。 关于这点,我们宁愿先标出准心,然后再瞄准目标射箭。

如果我们想要命中靶心,那么我们绝对需要有能以合理价格买到好的公司与股份的市场。 不过对我们来说,现在市场上的情况并不理想,当然这种情况随时都有可能会改变。 与此同时,我们也会尽量避免手上闲钱太多而去做那些浪费工夫的蠢事,若方向不对,再怎么努力冲刺也是白费力气。

——1993 年巴菲特致股东函

背景分析

巴菲特认为,长期而言,如果实质价值想要以每年 15% 的幅度来增长,透视盈余每年也必须以这个幅度来增长。1992 年他曾预测,到 2000 年伯克希尔·哈撒韦若要以

15％为目标,透视盈余必须增长到 18 亿美元,而由于 1993 年伯克希尔·哈撒韦又发行了一些新股,所以现在的门槛提高到 18.5 亿美元。

行动指南

理性投资者必然会设定长期预期收益率,因为这对设立资产组合的配比至关重要,当然这个收益率要合理。

11 月 20 日 棒球原则

然而皮夹子太厚,却是投资成果的大敌。目前伯克希尔·哈撒韦的净值已高达 119 亿美元。还记得当初查理和我开始经营这家公司时,公司的净值只有 2200 万美元,虽然还是一样有许多好的公司,却很难再找到规模够大的对象(就像是查理常常说的,如果一件事情不值得去做,就算是你把它做得再好也没有用)。现在我们只考虑买进至少 1 亿美元以上的投资,在这样的高门槛下,伯克希尔·哈撒韦的投资世界一下子缩小了许多。

尽管如此,我们还是会坚持让我们成功的方法,绝对不会放宽原有的标准。特德·威廉斯在我妻子的故事中写道:"我个人的看法是如果你想成为一个优秀的打击者,首先你得先相中一颗好球来打,这是教科书里的第一课。如果强迫自己在不中意的好球带挥棒,我绝对无法成为打击率强打者,而可能变成普通球员。"查理和我都很同意这样的看法,所以我们宁愿静静地等待球儿滑进我们喜欢的好球带。

——1994 年巴菲特致股东函

背景分析

1994 年伯克希尔·哈撒韦的净值增长了 14.5 亿美元,比率为 14.3％,并不理想。这就是巴菲特宁可将资金闲置也不胡乱买股票的结果,但这个"棒球原则"却使他终生受益。

行动指南

静静地等待,"股神"等来了对可口可乐的投资机会。若他不等,反而会因为资金被套牢在其他股票上而错失机会。因此,人固然要学会创造机会,也必须学会耐心无比地等待机会,有些事情除了等它自己出现,别无他法。

11月21日　坚强的资本后盾

在"霹雳猫"业务中,伯克希尔·哈撒韦还拥有一项特殊的优势,那就是雄厚的财务实力,这对我们有相当大的帮助。 首先,谨慎小心的保险公司都会希望在真正天大的灾害——比如说像是纽约长岛发生的飓风或加州大地震这类可能造成 500 亿美元损失的灾害发生时,可以得到相当确切的依靠,但是保险公司也相当清楚,这类会造成本身财务需要支持的灾害,同样也有可能导致许多再保险公司自顾不暇而破产,所以它们不太可能笨到将保费付出后,却换得无法兑现的承诺。 因此,伯克希尔·哈撒韦可以确保在不可预料的天灾发生时,仍然有办法拿得出钱来理赔的稳当保证,就成为我们最佳的竞争优势。

再者,雄厚的财务实力让我们可以签下别人想都不敢想的大额保单。 举例来说,1994 年,有一家保险业者临时想要买一张金额高达 4 亿美元的加州地震险保单,我们二话不说立刻接下来,我们敢说全世界除了我们以外,可能没有人敢独立接下这样的保单。

——1994 年巴菲特致股东函

背景分析

一般来说,保险经纪人通常倾向将大额的保单拆成数张小额的保单以分散负担,但是这样的作业安排却颇耗费时间。而伯克希尔·哈撒韦对单一保单的投保上限最高可以达到 5 亿美元,这是其他同业所做不到的。

虽然接下这类大额的保单会使得伯克希尔·哈撒韦的经营成果变得很不稳定,但由于假设在最坏的情况下,比如同一年发生长岛飓风、加州地震时,并假设加州大地震时股市的大跌伴随而来,使得伯克希尔·哈撒韦在喜斯糖果、富国银行等的持股价值大减,"霹雳猫"保险可能产生的损失大约 6 亿美元,只是稍稍超过伯克希尔·哈撒韦每年从其他事业上得到的盈余,故此资本的力量令其抗风险能力急剧增长。

行动指南

　　"次贷危机"中暴露出来的华尔街巨头们的境况与伯克希尔·哈撒韦正相反,赚钱时不可一世,风险突如其来时因现金流动性迅速枯竭而亡。因而家庭投资也需建立一个抗意外的模式。

11月24日　成本极低的资金来源

　　自从1967年我们进军保险业以来,我们的浮存金每年以20.7%的复合成长率增加,大部分年度我们的资金成本都低于零。 受惠于这些免费的资金,伯克希尔·哈撒韦的绩效大大地提升。

　　任何一家公司的获利能力取决于:资产报酬率、负债的成本、财务杠杆的运用——也就是其运用负债而非股东权益来支应资产取得的程度。 多年以来,我们在第一项上表现得相当不错,运用资产所产生的报酬很高;然而在另外一方面,由于资金成本极低,也使得我们受惠不少,这点就比较不为人所知。 资金成本之所以可以压得很低,主要是由于我们可以用很有利的条件取得保险浮存金。 在这种状况下,运用财务杠杆反而变得相当不利。

——1995年巴菲特致股东函

背景分析

　　1995年在完全并购盖可保险公司之后,伯克希尔·哈撒韦的保险浮存金马上增加近30亿美元,而且这个数字还会继续成长。此外,盖可保险公司每年还能够继续拥有相当的承保获利,这等于保证这些浮存金不但无须负担资金成本,还能额外贡献利润。用免费(甚至是倒贴)的钱炒股,难怪巴菲特不需要财务杠杆。

行动指南

　　资金成本! 统观巴菲特的投资生涯,资金成本一直是一个核心话题。越低越好的成本,越高越好的投资收益,加上对风险尽可能地防范,三个简单的逻辑组合成了一个伟大的投资者的形象。

11月25日 发行B股

基于技术性原因,我们必须将1995年的财务报表予以重编,这使我能够再度展现令人震慑的会计密技。

重编的原因是原先被列为被投资的盖可保险在1996年1月2日正式成为伯克希尔·哈撒韦100%持有的子公司。 从经济观点来看,考量可观的租税优惠与其他优点,我们原先在1995年年底持有的51%的盖可保险公司股权,其价值在两天后我们取得剩余的49%股权之后大幅增加。 然而对于这种渐进式并购,一般公认会计原则却要求我们必须在取得100%股权时,将原来账上51%的成本反向予以调减,使得账面价值减少为4.784亿美元,这结果使得原来51%股权的账面价值不但远低于后来49%股权的取得市价,也低于我们后来持有的这49%股权的账面价值。

不过除了刚刚提到净值的减少之外,我们在1996年两度溢价发行股份,第一次是在5月办理现金增资发行B级普通股,第二次是在12月发行A级与B级普通股,以并购国际飞安公司。 总的来说,以上三项非营业项目对于去年本公司31.8%的每股净值成长率的影响还不到1%。

——1996年巴菲特致股东函

背景分析

1996年伯克希尔·哈撒韦的净值成长了36.1%,约62亿美元,不过每股净值仅成长了31.8%,原因在于它以发行新股的方式并购了国际飞安公司(一家提供航空飞行训练的公司),同时还追加发行了一些B级普通股。B级普通股拥有A级普通股1/30的权利,这是从1996年5月开始伯克希尔·哈撒韦新增的股份类型,在年报中所谓的每股数字是以A级普通股约当数为基础,亦即全部流通在外的A级普通股数加上流通在外的B级普通股数的1/30。

行动指南

发行B股并非为了融资,而是考虑伯克希尔·哈撒韦的股价太高,当投资者想卖掉一部分来花钱的时候无法分拆。巴菲特的确很为他的股东们着想,投资这样的公司会很安心。

11月26日 相对业绩

在 1999 年的报告中,我曾提到当时"我们经历了有史以来最惨烈的表现,不论是从绝对还是相对的角度来看",我还说"我们比较重视相对的结果",这个观念从我在 1956 年成立第一个投资合伙事业时就已成形。 记得当天晚上,我与 7 位有限合伙人开会时,我给了在场的每个人一张便条纸,上面罗列了一些"基本原则",其中有一条是这样写的: "我们的成绩到底好不好,要看整体股市表现而定。"一开始我们是以道指为标杆,后来则改用接受度较高的标准普尔 500 指数,两者从 1965 年迄今的比较记录列示在年报的首页上,去年伯克希尔·哈撒韦以 5.7% 的差距胜出。

有些人并不认同我们将重点摆在相对数字上的做法,认为"相对绩效并不保证就能获利",但如果你抱持与查理和我本人一样的观念,预期标准普尔 500 指教长期的绩效应该会相当不错的话,则就长期而言只要投资人的绩效每年都能比它好一点,其结果自然也颇为可观,就如同喜斯糖果那般,虽然一年四季运营波动很大(基本上每年夏天它都是在亏钱),但每年结算都获利的公司,拥有它保证可以让你躺着收钱。

——2001 年巴菲特致股东函

背景分析

伯克希尔·哈撒韦 2001 年的净值减少了 37.7 亿美元,每股的账面净值减少了 6.2%。但是这一年它依然跑赢了从泡沫中醒来,并且经历了"9.11"洗礼的美国股市。巴菲特认为他依然是赢家。

行动指南

以相对业绩为标杆意味着你要慎重地选择参照物,这就像若你是在英超联赛能排在前 10 位的明星,即使你偶尔罚失点球也不碍威名;相反你若只是中超联赛的佼佼者,即便出国留洋,也不过是混混人家的预备队而已。

11月27日 老年人的雄心壮志

在讨论增长率时,你非常有必要留心基期与终期年度的选择。 开始与结束的年度两者只要有一个选择不当,无论如何计算出来的增长率都会被歪曲。 尤其是当基期年度盈利很少时,计算出来的增长率会高得惊人却毫无实际意义。

伯克希尔·哈撒韦的每股投资额与每股收益的复合增长率相对而言发生了很大的变化,这一结果反映了我们的经营重心日益向企业并购倾斜。 尽管如此,伯克希尔·哈撒韦的副董事长, 也是我的合作伙伴——查理和我的目标还是努力实现增长。

——2005年巴菲特致股东函

背景分析

2005年巴菲特对他接管伯克希尔·哈撒韦后的40年经营做了一番总结。开头的那番话是指出这样一个事实:伯克希尔·哈撒韦被接管的那个年头是其历史上业绩的最顶峰,远远超越前一年,若现在管理层存心夸大自己的业绩,就会从前一个年度业绩开始计算收益率,结果会更惊人。

行动指南

理性投资者应该是一个"老实人",不要用虚假的事实来麻痹自己,直面惨淡的业绩才会有进一步的提高。

11月28日 股东靠什么赚钱?

对于伯克希尔·哈撒韦和其他美国股票的投资人来说,过去这些年来大把赚钱简直轻而易举。 一个真正称得上长期的例子是,从1899年12月31日到1999年12月31日的100年间,道指从66点上涨到11497点。 如此巨大的升幅只有一个十分简单的原因:20世纪美国企业经营非常出色,投资人借企业繁荣的东风赚得盆满钵满。

目前美国企业继续经营良好,但如今的投资人由于受到一系列自我造成的伤害后,在相当大程度上减少了他们本来能从投资中实现的收益。

……

当股市上涨时所有的投资者都会感觉更有钱了。但一个股东要退出,前提必须是有新的股东加入接替他的位置。如果一个投资者高价盘出,相应另一个投资者必须得高价买入。对于所有的股东作为一个整体而言,如果没有从天而降的金钱暴雨神话发生的话,根本不可能从公司那里得到比公司所创造的收益更多的财富。

实际上由于"摩擦"成本的存在,股东获得的收益肯定少于公司的收益。我个人的看法是:这些成本如今正在越来越高,将会导致股东们未来的收益水平要远远低于他们的历史收益水平。

——2005 年巴菲特致股东函

背景分析

巴菲特在当年的报告中做了这样一番详细的计算:

20 世纪道指从 65.73 点上涨到 11497.12 点,总体上相当于每年 5.3% 的复利收益率。要在 21 世纪得到相同的收益率,道指在 2099 年 12 月 31 日必须上涨到 2011011.23 点才行。但事实上在 21 世纪过去的 6 年里,道指根本没有任何上涨。

行动指南

股东能获得的财富总和只能是扣除交易费用和税收以外的上市公司创造的财富总和。所以,一个成功的投资者只有两种获利途径:一是买入那些特别会创造财富的公司,二是在别的股东失去财富的时候占为己有。相较而言,前者显然更容易,并且要尽量降低交易费用。

十二月 │ 首富的财富观

MON	TUE	WED	THU	FRI	SAT	SUN
1 初十	**2** 十一	**3** 十二	**4** 十三	**5** 十四	**6** 十五	**7** 大雪
8 十七	**9** 十八	**10** 十九	**11** 二十	**12** 廿一	**13** 廿二	**14** 廿三
15 廿四	**16** 廿五	**17** 廿六	**18** 廿七	**19** 廿八	**20** 廿九	**21** 三十
22 冬至	**23** 初二	**24** 初三	**25** 初四	**26** 初五	**27** 初六	**28** 初七
29 初八	**30** 初九	**31** 初十				

12月1日　功在国家

我们规模扩大最直接的受惠者之一就是美国国库,今年光是伯克希尔·哈撒韦与通用再保险已经支付或即将支付的联邦所得税就有 27 亿美元之多,这笔钱足够供美国政府支应半天以上的开销。

也就是说,全美国只要有 625 个像伯克希尔·哈撒韦及通用再保险这样的纳税人,其他所有的美国公司或 2.7 亿的美国公民都可以不必再支付任何的联邦所得税或其他任何形式的联邦税(包含社会福利或房地产税),所以伯克希尔·哈撒韦的股东可以说是"功在国家"。

——1998 年巴菲特致股东函

背景分析

巴菲特是一个对税务机关很"忠诚"的人,一个看上去很极端的例子是他从 13 岁起开始缴纳所得税,从他业余时间送报纸的收入到管理伯克希尔·哈撒韦上千亿美元资产,事无巨细的税单都被保留着。

这个"爱好"也带给他很大的个人荣誉,当年他旗下的所罗门兄弟证券出事,巴菲特临危去接受财政部等的聆讯,对方便因为他的良好税务记录而认可他将彻底重整公司的承诺。

行动指南

没有社会责任感的商人也许可以赚不少钱,但是得不到尊重,同时也很难保持长期的财富稳定增长。

12月2日　股东捐赠计划

大约有 97.5% 的有效股权参与 1998 年的股东指定捐赠计划,捐出的款项总计约

1690 万美元。

　　累计过去 18 年以来,伯克希尔·哈撒韦总计已依照股东意愿捐赠出高达 1.3 亿美元的款项。 除此之外,伯克希尔·哈撒韦还通过旗下的子公司进行捐赠,而这些慈善活动都是早在它们被我们并购以前就行之有年的(先前的老板本身自行负责的个人捐赠计划除外)。 总的来说,我们旗下的关系企业在 1998 年总计捐出 1250 万美元,其中包含 200 万美元的等值物品。

——1998 年巴菲特致股东函

背景分析

　　除了税收,巴菲特也倡导一种名为"股东捐赠计划"的慈善模式。

行动指南

　　捐赠其实是一门技术性和艺术性都很强的工作,一个胡乱捐钱的企业通常也是一个管理混乱的企业。通过观察企业的这方面行为,也可以从侧面判断它的投资价值。

12月3日　捐赠模式

　　关于慈善捐赠,伯克希尔·哈撒韦所采取的做法与其他企业有显著的不同,但这却是查理和我认为对股东们最公平且合理的做法。

　　首先,我们让旗下个别的子公司依其个别状况决定各自的捐赠,只要求先前经营该企业的老板与经理人在捐赠给私人的基金会时,必须改用私人的钱,而非公款。 当他们运用公司的资金进行捐赠时,我们则相信他们这么做,可以为所经营的事业增加有形或无形的收益。 总计去年,伯克希尔·哈撒韦的子公司捐赠金额高达 1920 万美元。

　　至于在母公司方面,除非股东指定,否则我们不进行任何其他形式的捐赠。 我们不会依照董事或其他任何员工的意愿进行捐赠,同时我们也不会特别独厚巴菲特家族或查理家族相关的基金会。 虽然在买下公司之前,部分公司就存在有员工指定的捐赠计划,但我们仍支持他们继续维持下去。 干扰经营良好公司的运作,并不是我们的作风。

——2001 年巴菲特致股东函

背景分析

2001 年在 5700 位股东的指示下,伯克希尔·哈撒韦捐出了 1670 万美元给 3550 家慈善机构,自从这项计划推出之后,伯克希尔·哈撒韦累计捐赠的金额高达 1.81 亿美元。

大部分的上市公司都回避对宗教团体的捐赠,但这却是伯克希尔·哈撒韦股东们最偏爱的慈善.2001 年有 437 家教会及犹太教堂名列受捐赠名单,此外还有 790 所学校。

行动指南

巴菲特反对企业家用公司的钱为个人谋名声的行为,故此他倡导股东用自己名下的钱指定捐赠。我们有时候看到一些企业好像很大方很有爱心,此时一定要看清它们是在花谁的钱。

12月4日 "股神"的反击

2003 年 5 月 20 日,《华盛顿邮报》的社论版面刊登了本人关于布什减税政策的评论。 13 天后,美国财政部主管税务政策的助理秘书帕梅拉·奥尔森(Pamela Olson)在一场租税新法令的演讲中提到:"这代表某位擅长玩弄税法的中西部圣人,将可以放心地留住他赚到的所有钱。"我想她讲的正是我本人!

可惜的是,伯克希尔·哈撒韦 2003 年总计缴交了 33 亿美元所得税,约占全美所有企业上缴国库的 2.5%;相比之下,伯克希尔·哈撒韦的市值仅占全美企业总值的 1%,这金额肯定可以让我们名列全美纳税大户前十名。

——2003 年巴菲特致股东函

背景分析

巴菲特经常批评美国的税收措施,有意思的是,他批评的是美国富人们缴税太少而不是太多;而美国政府与国会也经常有人跳出来指责巴菲特,认为伯克希尔·哈撒韦占了税收的便宜。

2003 年会计年度,美国企业全体累计缴纳所得税仅占联邦税收的 7.4%,远低于 1952 年战后 32% 的巅峰。除了 1983 年外,2003 年是自 1934 年有统计数字以来最低的一年。即便如此,企业以及其投资人(尤其是大股东)正在享有更多的租税优惠,这一切的肇事者正是布什政府,他在 2002 年和 2003 年连续推出的减税法案令富裕阶层可以用一系列财技少缴很多所得税。

行动指南

合法纳税,有社会责任感的企业才能真正长久。

12 月 5 日 洋溢着快乐

我和搭档查理今年一个 84 岁,一个 77 岁,我们很幸运实现了自己的梦想。 我们生在美国;有了不起的父母让我们获得了良好的教育;家庭和睦幸福,身体健康;许多人对社会的贡献和我们一样多,甚至更多,但是由于我们具备一些所谓"商业基因",因此获得了与自己的贡献不成比例的巨大财富。

另外,我们一直从事着自己喜欢的工作,也得到了许多有才华、有激情的人的帮助。 我们每天都激情四溢,踩着舞步上班。 但对于我们来说,没有什么能够比与股东们坐在一起参加伯克希尔·哈撒韦的年会更有意思了,所以,记得参加 5 月 3 日在奎斯特(Qwest)中心为投资者举行的年会——那可是咱们的伍德斯托克音乐节(每年 8 月在纽约东南部伍德斯托克举行的摇滚音乐节)。 到时候见!

——2007 年巴菲特致股东函

背景分析

巴菲特也许是世界上最乐观的人,也是"美国梦"的最大死忠。正是这个基础,奠定了他敢在熊市中不断买进,敢于长期持股分享经济增长的心理动力源。

行动指南

我个人认为,假如你不是一个天性乐观者,最好不要投资股票。因为第一,你会经常被"市场先生"吓坏,心理很不健康;第二,中国股市目前不能做空,所以即使你的悲观是正确的,除了幸灾乐祸外又有什么实际好处呢?

12月8日 "股神"的幽默

在本届美国总统竞选活动中,我听到的最有趣的故事来自罗姆尼①,他问妻子安妮:"在我们年轻的时候,在你最狂野的梦里,是不是也没想到我会竞选美国总统?"安妮回答说:"亲爱的,我最狂野的梦里没有你。"

在我们1967年第一次涉足财险和意外险业务的时候,我最狂野的梦里也没有我们现在的成就。

——2007年巴菲特致股东函

背景分析

从1967年开始,巴菲特就把超过15%的年收益列为"了不起",超过20%列为"不可能持续",超过40%列为"哈雷彗星经过地球"。显然,他的梦不够狂野,也不是一个合格的天文学爱好者。

行动指南

敢于自嘲,善于自嘲,往往是理性乐观的心理表现,心理素质也是成功投资者的必备武器。

---

① 米特·罗姆尼(Willard Mitt Romney),美国商人与政治家,第70任马萨诸塞州州长,曾角逐2008年美国总统选举的共和党提名。——编者注

12月9日　钱能带来什么不同？

　　我们是从来不借钱的,即使有保险作担保。 即使是在我只有1万美元的时候,我也绝不借钱。 借钱能带来什么不同吗？ 我只凭一己之力时也乐趣无穷。 1万美元、100万美元、1000万美元, 对我而言没有什么不同。 当然,当我遇到类似紧急医疗事件的情况下会有些例外。

　　基本上,在钱多钱少的情况下,我都会做同样的事情。 如果你从生活方式的角度来想你们和我的不同,你会发现,我们穿的是同样的衣服(当然我的是 Sun-Trust 送的); 我们都有机会喝"上帝之泉"(巴菲特指的是可口可乐); 我们都去麦当劳,好一点的,奶酪皇后(巴菲特投资的快餐店,比麦当劳略微贵一点点); 我们都住在冬暖夏凉的房子里; 我们都在平面大电视上看内布拉斯加大学和得克萨斯 A&M 大学的橄榄球比赛。 我们的生活没什么不同,你能得到不错的医疗,我也一样。 唯一的不同可能是我们旅行的方式不同,我有我的私人飞机来周游世界,我很幸运。 但是除了这个之外,你们再想想,有什么是我能做的而你们不能做的呢？

——1998 年巴菲特在佛罗里达大学商学院的演讲

背景分析

　　说这话的时候,巴菲特肯定更羡慕台下那些大学生们的青春。

行动指南

　　对钱的态度往往能决定投资风格和结果,因为那是哲学的起点。你可以试想巴菲特这种平和的想法,则一定不会参与赌博式高杠杆激进型投资。你可以试想,若雷曼兄弟的高管不是那么疯狂赌博,他们本来可以是华尔街上衣冠楚楚的高薪人士,结果却不体面地变成了乞丐。

12月10日 赚钱更有乐趣

记者：赚钱和花钱之间，哪个更有乐趣？

巴菲特：赚钱非常有趣，就好像参与一个擅长的游戏，这样能保证腿脚灵活，耳聪目明。 尽管这个游戏对我来说并不需要手眼的精密配合，像很多其他的工作那样，但是我想象不出更有趣的游戏了。 当然，知道这些钱能帮助那些需要的人也是很不错的感觉。 我经常收到人们的来信，不仅是感谢我的捐款，他们还在信里详细告诉我因为这些捐款，他们的生活如何被彻底改变。 当想到可能有数百万人因为捐款而免于患上疟疾，或者站在小一点的角度，某个人的私人问题因为我的捐款而解决了，这都是非常美妙的感觉。

——巴菲特接受福克斯电视新闻网的采访

背景分析

显然，巴菲特的意思是，赚钱本身就更有乐趣。

巴菲特已去世的老伴曾经想买一条很贵的地毯，巴菲特经过简单计算后告诉她："这笔钱若交给我投资，以每年20％的复合收益计算，30年后你可以买下那家家居店！"

行动指南

若一个投资者像巴菲特那样万事以资金成本为思考问题的出发点，则一定不会把花钱当作有乐趣的事。

12月11日 把税看作无息负债

大家可以从资产负债表上看到，若是年底我们一口气将所有的有价证券按市价全部出清，则我们要支付的所得税将高达11亿美元，但这11亿美元的负债真的就跟15

天后要付给厂商的贷款一样或是相近吗？ 很显然并非如此,虽然在财务报表上计算净值的方式都一样,只是很简单地减掉11亿美元。

......

就经济实质而言,这种所得税负债就好像是美国国库借给我们的无息贷款,且到期日由我们自己决定(除非国会把课税时点提早到未实现时)。 这种贷款还有一个很奇怪的特点,它只能被用来购买某些特定涨价的股票,而且额度会随市场价格变动,有时也会因为税率变动而改变。 事实上这种递延所得税其实有点类似于资产移转时所要缴纳的交易税,我们在1989年只做了一小部分变动,总共产生了2.24亿美元资本利得,因此发生了7600万美元的交易税。

——1989年巴菲特致股东函

背景分析

1989年伯克希尔·哈撒韦增加了15亿美元的净值,那还是已扣除7.12亿美元估计应付所得税后的净额。此外,这还不包含其5个主要被投资公司合计已缴的1.75亿美元的所得税。在1989年的所得税费用中,大约有1.72亿美元是马上要支付的,剩下的5.4亿美元则可以记账递延处理,大部分是1989年伯克希尔·哈撒韦持有的股票未实现利益,以34%的预估税率计算出来的数字。

行动指南

根据美国的税则,把所得税尽量"递延"(比如说巴菲特买进股票永远不卖出,就可以几乎永远地递延下去)是一个很好的利用资金的办法。

12月12日 子宫彩票

让我们做这样一个假设,在你出生的24小时以前,一个先知来到你身边。 他说:"小家伙,你看上去很不错,我这里有个难题,我要设计一个你将要生活的世界。 如果是我设计的话,太难了,不如你自己来设计吧。 所以,在24小时之内,你要设计出所有那些社交规范、经济规范,还有管理规范等。 你会生活在那样一个世界里,你的孩子们会生活在那样一个世界里,孩子们的孩子们会生活在那样一个世界里。"你问先知:"是由我来设计一切吗?"先知回答说:"是。"你反问:"那这里有什么陷阱吗?"先知说:"是的,是有一个陷阱。 你不知道自己是黑是白,是富是穷,是男是女,体弱多病还是身体强健,聪明还是愚笨。 你能做的就是从装着65亿个球的大篮子里选一个代表你的小球。"

我管这游戏叫子宫彩票。 这也许是决定你命运的事件,因为这将决定你出生在美国还是阿富汗,IQ是130还是70,总之这将决定太多太多的东西。 如何设计这个你即将降生到的世界呢?

我认为这是一个思考社会问题的好方法。 当你对即将得到的那个球毫不知情时,你会把系统设计得能够提供大量的物品和服务,你会希望人们心态平衡、生活富足,同时系统能源源不绝地产出(物品和服务),这样你的子子孙孙能活得更好。 而且对那些不幸选错了球,没有接对线路的人们,这个系统也不会亏待他们。

——1998年巴菲特在佛罗里达大学商学院的演讲

背景分析

巴菲特经常把自己的成功归结为生于当代美国。

行动指南

中了"子宫彩票"只是一个开始,和巴菲特一样中了这张彩票的人何止千万,但是为什么"股神"只有一个? 因为他20岁开始信仰格雷厄姆的投资理论,此后50年经历数场战争、股市崩溃、经济萧条、社会动荡……但从未动摇自己的信仰。不断学习,努力工作,在别人看《花花公子》的时候坚持阅读年报……他将一张"彩票"成功地兑现出无数"钞票",我们要学习的正是这个过程。

12月15日 世界上最幸运的人

我是在合适的时间来到了合适的地方。 盖茨说如果我出生在几百万年前,权当了那些野兽的鱼肉了。 我跑不快,又不会爬树,我什么事也干不了。 他说,出生在当代是我的幸运。 我确实是幸运的。

时不时地,你可以自问一下,这里有个装着65亿个小球的篮子,世界上的每个人都在这里; 有人随机取出100个小球来,你可以再选一个球,但是你必须把你现有的球放回去,你会放回去吗? 100个取出的小球里,大约有5个是美国人,95个不是。 如果你想留在这个国家,你能选的就只有5个球。 一半是男生,一半是女生; 一半是高智商,一半是低智商; 你愿意把你现在的小球放回去吗?

你们中的大多数不会为了那100个球而把自己的球放回去。 所以,你们是世界上最幸运的1%,至少现在是这样。 这正是我的感受。 一路走来,我是如此幸运。 在我出生的时候,出生在美国的比率只有50∶1。 我幸运有好的父母,在很多事情上我都得到幸运女神的眷顾……幸运地出生在一个对我报酬如此丰厚的市场经济里。 那些和我一样是好公民的人们,那些领着童子军的人们、周日教书的人们,他们可能在报酬上未必如我,但也并不需要像我一样。

我真的非常幸运,所以,我盼着我还能继续幸运下去。 如果我幸运的话,那个小球游戏给我带来的只有珍惜,做一些我一生都喜欢做的事情,和那些我欣赏的人交朋友。 我只同那些我欣赏的人做生意。 如果同一个令我反胃的人合作能让我赚一个亿,那么我宁愿不做。 这就如同为了金钱而结成的婚姻一般,无论在何种条件下,都很荒唐,更何况我已经富有了。 我是不会为了金钱而成婚的。

所以,如果我有机会重新来过的话,我可能还会去做我做过的每一件事情,当然,购买美国航空除外。

——1998年巴菲特在佛罗里达大学商学院的演讲

背景分析

巴菲特感到自己是世界上最幸运的人,为在合适的时代出生在合适的地方而感到幸运,他总是将自己的成功归功于自己的国家。

行动指南

要成为世界上最幸运的人并不太难,你只需要做好你自己就够了,作每个决定的时候都要想想会不会后悔,会不会愚蠢到为钱而结婚般不值? 另外,要当心航空股!

12月16日　巨额财富留给谁？

记者：你已经决定不会将全部财富留给子女了？

巴菲特：是的，我会留给他们足够的钱使他们还能做其他事情，但不是太多的钱让他们不会做任何事。

记者：你为什么会有这样的决定呢？是不是因为看到了其他富人的孩子的境况？

巴菲特：我认为这（将巨额财富全部留给子女）对社会不好，对孩子们也不好，不过这并不是最重要的。……我能得到现在所拥有的，在很大程度上说是这个社会的结果，因为我出生在一个巨大的资本主义社会，而且时机合适。和我的付出相比，我得到的物质财富多到不成比例。但是有很多人和我一样是良民，他们或者前往伊拉克战场服役，或者在自己的社区中辛勤服务，但是都不像我一样被"疯狂"回报，我已经拥有了生命中想要的一切。一想到巨额的回报不是回到社会而是仅给予少数几个人，原因是这几个人正是从我太太的子宫里出来的，这个念头会让我发疯。

——巴菲特接受福克斯电视新闻网的采访

背景分析

巴菲特给孩子们每人留下大约 1000 万美元的现金遗产，当然你可以说 1000 万美元也不少了，但是他捐掉的可是近 500 亿美元啊！

行动指南

任何人都不要抱怨自己的老爸没有出息，只要你老爸给了你合适的教育机会，其他的都不应该是他的问题。

12月17日 投资成就本就是骄人成就

记者：有些公司到各个慈善晚宴上去买座位，以公司的名义，这样花钱是否是对投资人利益的损害呢？

巴菲特：我只能说我自己不会这么做。我可以告诉周围的人如何赚钱，如何经营公司，却不能指使他们如何花钱，那是他们自己的事。很多人说我现在走上了错误的道路，但是我如果按照他们的想法去做，早在我只有200万美元的时候，我就已经把所有钱都花光了，世界也不可能从我这里得到更多的钱。在如何花钱、如何支配财富方面，我从来不听取别人的意见，这也正是我不会在这个话题上对别人说三道四的原因。

在这方面父亲对我的影响很大。很多人批评我说应该在更早的时候就捐款，但是我自己知道应该做什么，要如何做，因此不会受到困扰。对于伯克希尔·哈撒韦公司所取得的业绩我从来都不谦虚，但是对于我的名字是否出现在捐款名册上或者某个纪念碑上，我认为毫无意义。这并不是谦虚或者仁慈的表现，而是从心里我根本就不在乎。经过多年的研究和投资取得骄人财富是一项成就，但是利用这些财富在建筑物上刻上名字或者让别人感激你、赞美你则谈不上是成就，对我来说这些东西毫无意义。

——巴菲特接受福克斯电视新闻网的采访

背景分析

巴菲特因为在年轻时几乎不做任何捐赠而广受诟病（全世界几乎没有以他命名的慈善纪念碑之类的东西），但他对此毫不在乎，认为现在钱在他手里可以更好地增值，以后才可以有更多的资源来做慈善事业。

行动指南

若屈从于社会压力就不会有今日的"股神"，故在我们的人生中，最重要的一个原则就是认准的道路就坚决去走，走自己的路本身就很有成就了！

12月18日　社会契约论

至于中美能源,我们也享有类似的"社会契约"。 为了满足客户的未来需要,我们需要不断增加产量。 如果能够同时兼顾可靠性和高效性,我们会获得公正的投资回报。 我对马特·罗斯(Matt Rose)在伯灵顿北方圣菲铁路公司和大卫·索科尔及格雷格·阿贝尔(Greg Abel)在中美能源中所作出的社会贡献感到骄傲,同时我也对他们为伯克希尔·哈撒韦股东们所作出的贡献感到骄傲,并心生感激。

——2011年巴菲特致股东函

背景分析

巴菲特此前相继收购的两家公司:伯灵顿北方圣菲铁路公司和中美能源,经营状况都不尽如人意。对此,巴菲特强调:铁路对于国家的未来非常重要。鉴于美国人口的西进趋势,伯克希尔·哈撒韦在伯灵顿北方圣菲铁路公司的股份还要进一步扩大。

行动指南

进入晚年的巴菲特越来越体现出他身上"非资本家"的一面,慈善捐赠和"公益性投资"成为一个重要的部分。

是啊,钱多到一定份上就是数字游戏,倒不如做点功在千秋的事。

12月19日　股东决定自己的钱怎么花

在伯克希尔·哈撒韦,我们相信公司所有的钱都是属于股东的,就像是在私人家族合伙企业一样,因此只要这些捐赠资金与公司本身商业活动无关,就应该由股东们所想要赠与的慈善机构收到这些款项。 就像是我们还没看到过有CEO愿意拿自己的钱,依照股东们的意愿进行乐捐,那么又有什么理由让股东为公司的CEO埋单呢?

……

去年我曾经告诉大家我考虑提高伯克希尔·哈撒韦股东指定捐赠计划的额度,并征求大家的意见,不过我们却收到一些股东来信反对整个计划,他们认为我们的责任是将公司经营好而不是去强迫股东做一些慈善捐赠;当然大部分的股东还是支持这项计划,认为这种做法可以享受租税优惠,并敦促我们提高捐赠的额度。 有好几位把部分股份移转给子女或孙子女的股东告诉我,他们认为这是让下一代了解施比受有福最好的教育方法。 因此,最后我们还是决定将下限从每股 8 美元提高到每股 10美元。

——1993 年巴菲特致股东函

背景分析

下面是 1993 年伯克希尔·哈撒韦股东指定捐赠的一些慈善机构,大家可以长点见闻。

- · 347 个教堂与犹太教堂收到 569 笔善款
- · 283 所大专院校收到 670 笔善款
- · 244 所 K—12(是将小学和中学教育合在一起的统称)学校收到 525 笔善款(2/3 是普通学校,另外 1/3 属教会学校)
- · 288 所艺术、文化或人类学研究机构收到 447 笔善款
- · 180 所宗教性社福机构(犹太教与基督教各半)收到 411 笔善款
- · 445 所民间社福机构(其中四成与青少年相关)收到 759 笔善款
- · 153 所医疗机构收到 261 笔善款
- · 186 所与医疗相关的机构(如美国心脏学会、美国癌症协会等)收到 320 笔善款

行动指南

CEO 不能乱花股东的钱,拿股东的钱以自己的名义做"慈善",而是由股东决定自己的钱怎么花,CEO 只是帮忙填支票。我非常希望中国也有这样一些上市公司。

12 月 22 日 麻烦的捐赠

我必须说明的是,我们这项计划执行起来并不困难。 去年秋天,我们从国家赔偿公司借调一个人,为期两个月,帮我们处理来自 7500 位股东的捐款指示,我相信其他公司花在处理相同捐赔规模上所发生的成本铁定比我们高出许多。 事实上,我们公司每年所有的行政费用甚至不到我们每年捐赔金额的一半。

——1997 年巴菲特致股东函

背景分析

想要参加这项捐赠计划者,必须拥有 A 级普通股,同时确定股份是登记在自己而非股票经纪人或保管银行的名下,还要填写表格后寄回。真是挺麻烦的。

行动指南

花钱有时候是比赚钱还麻烦的事——当钱要花得有意义时。

12 月 23 日 感恩

与我相交 38 年亦师亦友的戴维森·陶德,于去年以 93 岁高龄过世,大多数人可能都不知道他是谁,但是许多伯克希尔·哈撒韦的老股东却因为他对本公司的间接影响而受益良多。

戴维森终其一生在哥伦比亚大学教书,同时他也与格雷厄姆著述《证券分析》一书。 自从我到哥伦比亚大学之后,戴维森不时地鼓励与教导我,给我的影响一个接着一个,他所教导我的每一件事,不论是直接或通过他的著作都非常有道理。 我毕业后,通过不断往来的信件,他给我的教育持续到他逝世之前。

我认识许多财经与投资学的教授,除了格雷厄姆以外,没有人可以比得上戴维森,最好的证明就是他学生的成绩,没有其他投资学的教授可以造就出那么多杰出的英才。

当学生离开戴维森的教室,就代表着他们一生将具备投资智慧,他所教导的原则是如此的简单、完整、有用且持久,虽然这些特点看起来并不显著,但要将这些原则教导给学生却不是一件容易的事。

……

查理和我运用戴维森与格雷厄姆所教的原则在伯克希尔·哈撒韦的投资之上,我们的成功正代表着他们心血的结晶。

——1988年巴菲特致股东函

背景分析

巴菲特的尊师重道令人感佩,几乎没有一封年报不忘记感激一下格雷厄姆,并且表扬一下他手下的各色高管(尤其是B太太)。

行动指南

谦逊令人进步,这句好话是一则真理。

12月24日　"无可辩解号"

去年夏天我们把三年前以85万美元买的公司专机卖掉,另外又以670万美元买了一架二手飞机。 大家只要想到先前我提过的细胞复制的数字游戏就会觉得很惊讶,如果我们公司的净值持续以相同速度增长,而更换飞机的成本同样也以每年100%的速度上升,大家会发现,伯克希尔·哈撒韦庞大的净值很快就会被这架飞机给吃光。

查理对我将飞机比喻成细菌的做法不太高兴,他认为这样岂不侮辱了细菌。 他个人觉得最理想的旅行方式是坐有空调冷气的巴士,这还是当车票有打折时才该有的奢侈做法。 对于这架专机我个人一贯的态度是,跟圣·奥古斯丁(古罗马帝国的神学家)当初想要脱离世俗的富裕生活出家去当教士一样,在理智与荣耀的中间, 他乞求上天: "救救我吧,让我成为一个圣洁的人,不过不是现在!"

给这架飞机命名可不是一件简单的事。 一开始我建议取名叫做"查理·芒格号",查理反击说应该叫"神经有问题号",最后双方妥协决定称它为"无可辩解号"。

——1989 年巴菲特致股东函

背景分析

每当巴菲特批评起高管乱花股东的钱的问题时,他总是拿这架"无可辩解号"来开涮。不过,巴菲特的私人轿车和办公楼装修很可能是全美上市公司董事长中最差的了。

行动指南

乱花公司的钱就是"无可辩解"的行为,但是我们身边的大部分中国公司永远有"雄辩"的理由,尤其是国有垄断企业。

12 月 25 日 你什么时候死?

我强烈感觉到伯克希尔·哈撒韦企业与经理人的命运不应该依赖于我个人的健康之上,当然若是因此可以加分会更好。 为此我已做好万全的计划,不管是我个人还是我内人的遗嘱都不打算将这些财产留给家族;相反,重点会放在如何保持伯克希尔·哈撒韦的特质,并将所有的财富回归给社会。

万一要是明天我突然死了,大家可以确定三件事:我在伯克希尔·哈撒韦的股份,一股都不会卖;继承我的所有权人与经理人一定会遵循我的投资哲学;伯克希尔·哈撒韦的盈余会因为出售我个人的专用飞机,每年可增加 100 万美元(不要管我希望让它陪葬的遗愿)。

——1990 年巴菲特致股东函

背景分析

从 20 世纪 90 年代起,巴菲特多次被问起如果他死后公司会怎样的问题。另一个噩耗是,他的内人也早早地先于他去世了。不过巴菲特并不为这些问题感到困扰,他曾说:"这总比股东愤怒地问你怎么还没死要好得多。"

行动指南

股票并不是"死了都不卖"的,但投资哲学是"死了都不变"的。

12月26日 放心工作

1989年,当我以每天五瓶樱桃可乐的爱好者身份,宣布买进价值10亿美元的可口可乐股票时,我曾形容这项举动其实只是将钱花在嘴巴上的最佳例证。在去年8月18日当我被推举为所罗门公司的临时主席时,则完全是另外一件事,这次我把嘴巴摆在我们的钱上。

我想大家应该都已经从报上看过有关我个人被任命为所罗门董事会临时主席的报道,我之所以愿意接受这个职位具有一个深刻且重要的意义,那就是伯克希尔·哈撒韦旗下事业的经理人是如此优秀,让我可以很放心地把时间摆在别的心思上。

——1991年巴菲特致股东函

背景分析

因为所罗门公司出现重大违规,几乎被美国财政部勒令歇业,巴菲特临危受命担当了一阵子临时主席,心里十分不痛快,在解决危机后迅速辞去职务并卖掉了股票。

行动指南

优秀的管理层的优秀工作,能够使股东放心。

12月29日 股价太高的困境

去年年底伯克希尔·哈撒韦的股价正式超越10000美元大关,有许多股东反映高股价让他们产生相当的困扰,因为他们每年必须分出部分股份,却发现伯克希尔·哈撒韦的股份价值超过 10000 美元年度赠与税上限的门槛,超过上限代表捐赠人必须使用个人终生捐赠的上限额度,若是再超过的话,就必须要缴赠与税。

对于这个问题,我个人提出三种解决方案。第一,对于已婚的股东,可以与配偶共同利用 20000 美元的额度,只要在申报年度赠与税时,附上配偶的同意书即可。

第二,不论结婚与否,股东可以考虑以较低的价格进行转让。例如,假设伯克希尔·哈撒韦的股价为 12000 美元,则股东可以考虑用 2000 美元的价格进行移转,其间 10000 美元的差价则视同赠与。

最后,你可考虑与你要赠与的对象成立合伙关系,以伯克希尔·哈撒韦的股份参与合伙,然后每年再将部分权益慢慢移转给合伙人,金额的大小可以由你自行决定,只要每年不超过 10000 美元的上限,即可免课赠与税。

——1992 年巴菲特致股东函

背景分析

后来伯克希尔·哈撒韦股价进一步升高,巴菲特想出了一股 A 股拆成 30 股 B 股的做法。

行动指南

我国的税务制度暂时还不会对投资者造成困境,学习一下"股神"的思路备而不用吧。

12 月 30 日 可靠的盈余在哪里?

"盈余"这个名词有一个明确的定义,而当盈余数字再加上会计师无保留意见的背书后,单纯的投资人可能就会以为它是像圆周率一样经过计算,可以到好几个小数点般精确。

然而事实上,当公司盈余数字是由骗徒所主导时,盈余可能像油灰一样脆弱,当然到最后真相一定会大白,但与此同时一大笔财富可能已经换手,许多美国财富传奇确实就是靠着这种会计数字假象所创造出来的。

——1990 年巴菲特致股东函

背景分析

除了数据的真实性,还有两项因素使得伯克希尔·哈撒韦的成绩显得更为出色:

第一,旗下的企业明星们几乎完全不靠融资杠杆,几乎所有的主要设备都是自有的而不是向外面租的,仅有的负债可以由自有的现金完全抵消。

第二,伯克希尔·哈撒韦的获利并不是来自像香烟或是石油这些拥有特殊经济形态的产业,相反它们是来自一些再平凡不过的产业,诸如家具零售、糖果、吸尘器甚至是钢铁仓储等。得来不易的报酬主要是靠优秀杰出的经理人后天的努力,而非先天的产业环境优势。

行动指南

可靠的盈利来自常识范围内可以确认,没有使用太多会计修饰手段,并且不依赖行政垄断等特殊手段的现金流。

12月31日 大结局

亲爱的比尔及梅琳达:

我非常敬佩比尔-梅琳达基金会(BMG)所取得的成就,同时也希望能够实质性地增强其实力。 通过这封信,我承诺:在我有生之年,将以比尔-梅琳达为受益人,每年捐赠伯克希尔·哈撒韦B股,这个承诺是不可撤销的,第一年的捐赠将使BMG的年度受赠金额增加15亿美元。 我预计,以后我每年的捐赠数虽不固定,但最终会实质性地增加。

我是这样安排的:我将指定1000万股B股专门用于比尔-梅琳达的慈善捐赠(目前我只有A股,但不久就会把部分A股转换为B股)。 每年7月或你们选定的时间,这些已指定股票中的5%将直接捐给比尔-梅琳达,或者是捐给一个以比尔-梅琳达为受益人而持有这些股票的慈善代理机构。 具体来说,我将在2006年捐出500000股,2007年捐出475000股(2006年捐赠后剩下的9500000股的5%),其后每年捐出余下股份的5%。

这个终身承诺有三个条件：首先，你们两位中至少有一位必须在世并参与 BMG 的决策和管理；其次，比尔-梅琳达(或其代理机构)必须继续符合法定条件，以使我的捐赠用于慈善并免于捐赠税或其他税项；最后，我每年的捐赠必须完全加入比尔-梅琳达的捐赠支出中，这个支出至少是比尔-梅琳达净资产的 5％。 刚开始启动的两年，我预计这一条(第三条)不适用，但从 2009 年开始，比尔-梅琳达每年的捐赠必须不少于我的捐赠加上比尔-梅琳达净资产的 5％。 不过，如果某年超过了这个数字，超出部分可以移到以后年度以抵消当年捐赠的不足。 同样，某一年的捐赠不足也可以在随后的年度内补足。

——2006 年巴菲特致盖茨夫妇的函

背景分析

2006 年 6 月 26 日，沃伦·巴菲特的世纪捐赠令全球瞩目。

我们读巴菲特的人生、读他的传奇经历、读他的投资理念，都是为了自我价值的提升与完善。

没有一个人可以完全复制另一个人，遑论巴菲特这样的人，但是我们可以在自己有限的能力范围内作出和巴菲特同样伟大的事，也许帮不了那么多人，但是可以给自己一个完美的结局。

行动指南

钱是身外之物，不为了钱而活，而是用钱为更多的人谋福利，画上人生最完美的句号，是人生追求的最高境界。愿每个投资者都能成为自己心中的"巴菲特"。

后　记

2008 年 10 月底,也就是我在创作《沃伦·巴菲特管理日志》的最紧张阶段,市场上频频传来""股神"抄底失败,神话褪色"的消息。

"巴菲特麾下伯克希尔·哈撒韦公司上周股价下跌约 18%,至每股 113100 美元,致使巴菲特身家缩水超过 100 亿美元。巴菲特此前投资高盛 50 亿美元抄底'次贷危机'的举动也成为投资者的笑谈。"——这是国内一家专业财经报纸刊载的一条新闻中的导语。

如果您看完了《沃伦·巴菲特管理日志》一书,很可能会赞同我下面的这种观点:以上新闻中的表态,堪称是对巴菲特投资哲学的普遍性误读的大集成。

如同我们不能说清楚"什么是爱",只能说"什么不是爱"一样,我认为世界上没有一本书可以毫无遗漏地说清楚"巴菲特是如何投资"的,我只能尽力从各个方面呈现"巴菲特肯定不会这样投资"。所以,在这本书的最后,我要把这则带有普遍性误读的新闻导语引用并解释一下。

身为"股神",巴菲特是最不在乎"股价"为何物的投资者。您可以从本书很多章节中了然这种态度以及它的成因。巴菲特既不在乎"市场先生"忽上忽下的跳动,又曾多次表明不希望伯克希尔·哈撒韦公司的股价过高或者过低,甚至希望所有股东都不要交易,令成交量为零才好!假如一定要说他也在乎股价的话,他也希望股价越低越好,不论是别人的还是自己的,因为"价格是你付出的,价值才是你得到的,如果你决定长期吃汉堡,难道不希望它的价格一直下跌吗?"

那么,巴菲特"抄底成为笑谈"了吗?不,因为他从来没有"抄"过"底"。且不说巴菲特在"次贷危机"中投资高盛、通用电气都是以优先股为主(此举可令伯克希尔·哈撒韦在目标公司情况无可救药时放弃认股而只领取固定利息),这种技术性措施令这次投资从长期来看几乎没有任何失败的可能。就巴菲特的投资哲学来看,他是最反对预测股价波动(尤其是指数波动)的人,既然无从预测"底",何来"抄底"?巴菲特买一个公司的股票只是认为这个公司"值这个价",他可能判断失误(比如说伯克希尔·哈撒韦纺织厂就不值他收购的那个价,是错误的估值结论),但不能说他是"抄底成为笑谈"。

因为从不抄底,所以巴菲特经常"被套"。国内有句谚语叫"炒股炒成股东",是形容被套的。这句话可以用来解释巴菲特经常被套的最大原因,他买任何股票都是为了成为股东,甚至最好是唯一的股东。但是不预测底部不代表巴菲特没有做好准备,"次贷危机"爆发前夕,伯克希尔·哈撒韦公司留存了近400亿美元的现金,并持有近300亿美元随时可以变现的国债,所以在危机到来时,他才能出手阔绰。粗粗算来,如果巴菲特把所有这些现金和准现金全部投入市场,几乎可以把高盛、美林、大摩、花旗和美国国际集团全部买下来,从而垄断华尔街。"在别人恐惧的时候贪婪",不仅意味着眼光和勇气,还要有在危机中保存下来的实力。

匆匆写就本书,并不奢望能全景式地反映巴菲特投资哲学的精髓,只是希望能原汁原味地介绍他的一些话语和行动,能给读者带来一些思考。我感觉,巴菲特投资哲学在中国的传播过程一直颇为艰难。部分是因为我们的资本市场还很不健全,舆论亦广泛鼓吹追涨杀跌甚至是"跟庄"的投资模式,"如入鲍鱼之肆,久而不闻其臭";更多的则是因为巴菲特投资哲学需要的理性、耐心、信心,这恐怕是当下社会最稀缺的几种元素。

不过我依然相信,如此简单而强大的投资哲学,伴随巨大的榜样效应,是终究会得到越来越多的投资者的认同的。

最后,我要感谢一些促成此书出版的师友们,他们是《东方早报》的总编辑邱兵先生、绿地集团的董事长张玉良先生以及蓝狮子出版人吴晓波先生。正是我2008年发表在《东方早报》上的一则短文引起了张玉良先生的兴趣,他设宴与吴晓波先生、邱兵先生以及本人等一席畅谈,才促成了后来我与本书的不解之缘。

当然还要感谢此书的合作者、帮我做了大量搜集和翻译工作的《文汇报》记者钮怿女士,没有她的帮助,您可能会看到一本错漏百出的蹩脚之作。

我接触巴菲特思想的时间也不长,仅仅五六年的光景,难免有挂一漏万之处,并且限于翻译及删改等原因,有些段落可能也不一定能完全反映原文的神韵,还请读者谅解。若有指教,可登录我的读者圈 www. lanshizi. net 或发电子邮件至:jnaw139@hotmail. com。

投资者之路漫长艰辛,幸好我们的前方有巴菲特的身影!

江南

图书在版编目(CIP)数据

沃伦·巴菲特管理日志 / 江南,钮怿编著. — 修订
本 . —杭州:浙江大学出版社,2013.12
ISBN 978-7-308-12589-5

Ⅰ. ①沃… Ⅱ. ①江… ②钮… Ⅲ. ①巴菲特,
W. —投资—经验 Ⅳ. ①F837.124.8

中国版本图书馆 CIP 数据核字(2013)第 282543 号

沃伦·巴菲特管理日志(全新修订版)

江南　钮怿　编著

策　　划	杭州蓝狮子文化创意有限公司
责任编辑	陈丽霞
出版发行	浙江大学出版社
	(杭州市天目山路 148 号　邮政编码 310007)
	(网址:http://www.zjupress.com)
排　　版	浙江时代出版服务有限公司
印　　刷	浙江印刷集团有限公司
开　　本	710mm×1000mm　1/16
印　　张	17.25
字　　数	288 千
版 印 次	2013 年 12 月第 1 版　2013 年 12 月第 1 次印刷
书　　号	ISBN 978-7-308-12589-5
定　　价	45.00 元